暨南大学 企业发展研究所
企业发展研究书丛

企业集团及其内部资金交易的影响因素及经济后果研究

窦 欢◎著

中国经济出版社
CHINA ECONOMIC PUBLISHING HOUSE
北京

图书在版编目（CIP）数据

企业集团及其内部资金交易的影响因素及经济后果研究 / 窦欢著.
—北京：中国经济出版社，2019.12
（企业发展研究书丛）
ISBN 978-7-5136-5879-9
Ⅰ.①企… Ⅱ.①窦… Ⅲ.①上市公司—资金管理—研究—中国 Ⅳ.①F279.246
中国版本图书馆 CIP 数据核字（2019）第 188535 号

责任编辑　姜　静　郑　潇
责任印制　马小宾
封面设计　华子图文

出版发行　中国经济出版社
印 刷 者　北京艾普海德印刷有限公司
经 销 者　各地新华书店
开　　本　710mm×1000mm　1/16
印　　张　13.75
字　　数　220 千字
版　　次　2019 年 12 月第 1 版
印　　次　2019 年 12 月第 1 次
定　　价　68.00 元
广告经营许可证　京西工商广字第 8179 号

中国经济出版社　**网址** www.economyph.com　**社址** 北京市东城区安定门外大街 58 号　**邮编** 100011
本版图书如存在印装质量问题，请与本社销售中心联系调换（联系电话：010-57512564）

总　序

暨南大学企业发展研究所（以下简称“企发所”）成立于2003年，为广东省首批普通高校人文社会科学重点研究基地。经过多年发展，已形成社会责任观下的企业价值创造、行为公司财务和管理会计、生产运营管理与决策、品牌营销与服务管理、组织行为与人力资源管理五个成熟的研究团队。自2014年以来，企发所旗帜鲜明地确立了“企业转型发展”研究主题，立足广东省、服务大湾区经济，在科学研究、人才培养、学术交流、咨询服务等方面开展了一系列工作，涌现出一批具有影响力的标志性成果。2019年8月，企发所被广东省教育厅评估为“优秀文科平台”。

当前，全球经贸环境正发生深刻变化，经济形势面临严峻的挑战，企业唯有实现以技术创新和产业升级为核心的转型发展，不断提高其自身的竞争力，才能有效应对挑战。同时，我们也看到，我国企业转型发展理论研究迫切需要新的突破，这正是企发所集结学界、业界在相关领域共同展开理论与案例研究并汇集成书的初衷。

2015年，企发所已经开始着眼于当下的经济形势和社会需求，结合自身的研究特色，资助出版了第一批“暨南大学企业发展研究书丛”，获得了业内广泛认可和高度评价。今年，企发所再次资助出版第二批书丛共12本著作。本书丛主要围绕以下四个方面展开研究：

（1）通过建立财政科技资金绩效评价方法、指标及权重体系模型，科学评价广东省财政科技资金投入的绩效，为政府科学决策提供依据，进而提升广东省科技管理的能力。

（2）以传统行业的转型升级为背景，研究上市公司的并购，特别是规模较大的重大资产重组中的核心中介机构——独立财务顾问行为动机和经济后果的现实意义，为梳理、总结、改进声誉机制与独立财务顾问制度的有效性提供有益思路。

(3) 从企业持续发展的战略高度入手，开展管理模式创新研究。探索投资、知识创新、技术革新等要素对企业转型的推动作用，根据客户需求指引生产系统的动态定制，推动企业向规范化、服务化、创新化方向转变。

(4) 依托中国本土文化特色，从心理契约视角研究对品牌关系和顾客品牌决策的影响，寻找企业化解品牌危机以及通过品牌管理获得竞争优势的路径。

本次结集出版得到了中国经济出版社的大力支持，在书丛的编辑过程中，不仅注重每本书的学术水平，而且关注其使用价值。各位作者也都尽可能地将自己的最新研究成果阐述得通俗易懂，以启发更多的读者。由于这些研究成果仍有待完善，理论和方法还有不少值得改进之处，探索企业发展的研究还有待进一步深入。

希望通过此次的出版工作，一方面与国内外有关专家和同行分享相关领域的研究成果；另一方面接受各位专家的批评和建议，不断提高科研工作质量和科研成果水平，为粤港澳大湾区乃至全国的企业发展贡献绵薄之力。

特此为序。

卫海英
暨南大学企业发展研究所
2019 年 11 月

前　言

自2011年起，我就读于北京大学光华管理学院会计系博士项目，开启了自己的学术研究生涯。在我的导师陆正飞教授的引导下，我开始关注中国的企业集团问题，并在博士阶段对企业集团的相关话题进行了一定的探索。本书是对我博士阶段、工作初期，以及主持的国家自然科学基金青年项目“企业集团关联资金交易的研究——基于《金融服务协议》的分析”执行过程中所发现的一些学术研究结果的归纳，旨在将过去几年我对企业集团的财务政策、内部资本市场有效性等方面的一些具体认识，以专著的方式将研究成果提供给对企业集团感兴趣的读者参考。

企业集团是一种重要的组织形式，不仅在新兴市场（如巴西、智利、中国、印度、印度尼西亚等）国家非常普遍，甚至在某些发达国家也是如此（如瑞典和意大利）（Khanna and Yafeh，2007；陈文婷，2010）。我国由于历史原因，上市公司多由国有企业改制而成，采用剥离上市的方式，将盈利的经营业务放入上市公司，将盈利水平低或非经营性业务留在母公司，因此上市公司与控股母公司之间存在天然的联系，导致上市公司多附属于企业集团，其资源配置和财务决策等通常也处于大股东的超强控制之下，上市公司本身会与母公司及集团内部成员企业形成竞争关系，以及大量资金和经营业务方面的关联交易。截至2018年底，前500强的企业集团总营业额占中国GDP的86%。其中，172家企业集团的总营业额超过100亿元人民币。同时，前500强的企业集团共雇佣员工约3200万人，提供了大量的就业机会。

可以说，企业集团之于我国经济发展有着举足轻重的作用，因此基于企业集团的研究显得十分必要。已有理论认为，当外部市场不完善时，构建内部市场可以有效解决企业内外部的信息不对称问题，使集团内成员企业获得低成本的交易机会（William，1975 等），企业集团因此能够做到资源的有效配置。La porta 等（1998）指出在新兴经济国家，由于投资者保护力度不足，金融中介机构的缺乏，往往导致企业不能从银行获得贷款，或是从资本市场上进行权益融资，企业因此面临严重的融资约束问题。在这种情况下，构建企业集团以形成有效的内部资本市场对集团的成员企业是十分有利的。我国作为发展迅速的新兴经济市场，外部融资渠道有限，内外部信息不对称程度较为严重，因此构建内部市场有益于企业进行有效的资源配置（王峰娟和粟立钟，2013）。然而，另一种观点则认为内部资本市场是无效率的。Jensen（1986，1990）指出内部资金支持的项目往往缺乏类似于外部市场的强监管，而更可能由于内部管理层的代理问题而造成低利润或高风险。Scharfstein 和 Stein（2000）构建的双层代理模型全面地刻画了企业内部资本配置的过程，指出企业内部（分部）管理者的寻租行为会迫使企业（总部）CEO 扭曲资本配置，导致企业内部的资本市场无效。同时，他们的研究还发现了企业集团内部的“社会主义”行为。我国有关企业集团的研究也证实了企业内部资本市场无效性的存在。企业集团母公司通常缺乏对所辖子公司的了解，不能有效地配置内部资金资源（邵军和刘志远，2007），反而提供过量资金导致子公司存在过度投资的倾向（潘红波和余名桂，2010）。

基于上述对立的理论与实证证据，究竟企业集团在我国发挥怎样的作用，是本书试图研究的主要对象。本书拟从两个部分对企业集团进行具体而详细的研究，第一部分是基于企业集团、公司治理与投资效率的角度，拟从三个方面进行具体研究，首先是企业集团是否会通过内部资本市场支持上市公司，上市公司会否因为持有更多的自由现金流而过度投资，具体内容在本书第 3 章详述；其次是企业集团是否会支持上市公司进行创新，上市公司的创新效率如何，有哪些因素会影响上市公司的创新效率，具体内容在本书第 4 章详述；再次是上市公司往往是企业集团中剥离出来的优质资产，不可避免地会与集团其他成员企业存在同业竞争关系，当同业竞争关系存在时，集团母公司会如何调配投资机会，是否会影响上市公司的投资效率，具体内容在本书第 5 章详述。第二部分则试图基于企业集团财务公司与上市公司所签订的

《金融服务协议》，从内部资本市场的角度探究企业集团与上市公司之间的相互关系，拟从三个方面进行深入探讨，首先是作为关联资金交易载体的《金融服务协议》受哪些因素的影响，其签订与否与上市公司价值之间存在何种关系，具体内容在本书第6章详述；其次是签订《金融服务协议》后，上市公司与财务公司之间的实质资金交易会有哪些经济后果，主要体现为对上市公司存放于财务公司的关联存款的研究，具体内容在本书第7章详述；最后是关于企业集团母公司作为大股东，其内部代理问题如何影响上市公司的盈余表现，具体内容在本书第8章详述。

第9章为本书结语，是本书主要研究成果的归纳总结，以及本书结论对理论和实务的一些研究贡献。同时，本章也指出了现有研究的不足，以及对未来研究方向的展望。

需要说明的是，本书所介绍的学术研究成果的原作者，除了本书作者而外，还有我的几位合作者。他们是（按姓名的拼音首字母排序）：我的导师陆正飞教授、罗勇根、王鹏、张会丽、曾建光。正是在他们的共同努力和无私帮助下，才有了这些研究成果，在此表示衷心的感谢！

最后，愿本书的正式出版，能够为读者理解企业集团及其内部资本市场的相关问题提供一些帮助。

窦 欢

2019年秋于暨南大学惠全楼

目　录

第1章 引 论

1.1 研究背景与研究问题的提出

1.1.1 企业集团、公司治理和投资

企业集团是一种重要的组织形式，不仅在新兴市场（如巴西、智利、中国、印度、印度尼西亚等国家）非常普遍，甚至在某些发达国家也是如此（如瑞典和意大利）（Khanna and Yafeh，2007；陈文婷，2010）。我国由于历史原因，上市公司多由国有企业改制而成，采用剥离上市的方式，将盈利的经营业务放入上市公司，将盈利水平低或非经营性业务留在母公司，因此上市公司与控股母公司之间存在天然的联系，导致上市公司多附属于企业集团，其资源配置和财务决策等通常也处于大股东的超强控制之下，上市公司也会与母公司、集团内部成员企业形成大量资金和经营业务方面的关联交易，同时也会与企业集团其他成员公司形成同业竞争关系。在此种背景下，企业集团内部的资源配置效率如何，表现在公司层面的情况又是如何，上市公司的公司治理是否能够帮助上市公司提升效率，是我们试图探讨的主要问题，也是本书第一部分内容主要的研究对象。

Coase（1937）对企业性质的分析中提到，企业组织的边界是交易成本的节约与机会主义行为之间权衡的结果，即交易成本说。按照这种假说，对我国企业集团的分析不可避免地要从两个方面进行讨论。一方面是阳光面，即企业集团的构建为成员公司开展经营活动、融资活动等提供了便利，交易内部化节约了外部交易成本，同时可以有效整合上下级企业的资源；另一方面，由于企业集团内部多个法人主体之间存在不同的目标和利益，更易滋生内部的多个层次的机会主义行为，造成效率损失，即企业集团的

逆光面。

基于企业集团在特定条件下的不同表现，我们将从三个方面具体对企业集团进行研究：

首先，上市公司如果隶属于企业集团，相较于独立企业，其投资效率如何？已有文献（潘红波和余名桂，2010）指出企业集团构建能够放大融资能力，为企业集团的发展提供资金上的保障。那么，作为集团子公司的上市公司，能否受益于企业集团的融资能力，得到更多的资金补充呢？而 Richardson（2006）发现，过多的自由现金流如果不加以控制，很容易成为管理层滥用的对象，上市公司如果获得了多余现金流，其投资效率如何呢？如果存在上市公司管理层的代理问题，作为股东的企业集团母公司是否能有手段加以监督和控制呢？这部分研究问题将在本书第 3 章进行详细介绍。

其次，探究企业集团与创新之间的关系。已有文献（He and Tian 等，2013）大多从单个公司的角度来探讨创新效率，本部分内容则从企业集团与上市公司的互动关系的角度出发，考察创新的效率问题。创新作为企业发展和维护竞争优势中最关键的因素，隶属于企业集团的上市公司是否利用自己的资源优势，积极进行创新投入，同时，是否会迫于集团内其他成员企业创新的压力，进行更多的创新。但是，创新投入的存在未必一定能转变为创新产出，因此，创新效率究竟呈现何种情况也是非常值得探讨的话题。这部分研究问题将在本书第 4 章进行论述。

最后，由于中国特殊的历史背景，同业竞争关系在我国上市公司中普遍存在，证监会虽一直试图解决同业竞争关系，但在推动过程中还是遇到相当多的阻碍。那在这样的背景下，同业竞争关系的存在会引发哪些经济后果，是我们需要了解和重视的。存在同业竞争关系，即是企业集团母公司或其他成员公司与上市公司之间从事相同业务，那么，当投资机会出现时，以最终控制人利益为战略考虑的企业集团会如何分派资源，而对上市公司的表现产生何种经济后果呢？因此我们拟从投资效率的角度考察同业竞争关系的存在对上市公司经济后果的影响。该研究话题将在本书第 5 章进行重点探讨。

然而，上述研究更多地从上市公司表现来推测企业集团如何影响上市公司的决策，以及产生了何种经济后果。对于企业集团究竟与上市公司之间存在怎样的相互关系，仍然是一个黑匣子，充满了神秘性。得益于我国企业集团成立财务公司以便对资金进行集中管理的诉求，我们能够基于财务公司进一步了解企业集团的内部资本市场，进而理解企业集团与上市公司之间的相互影响。

1.1.2 企业集团内部资金交易的影响因素及经济后果

我国的财务公司是我国在20世纪80年代实施“大企业、大集团”的战略背景下诞生的具有中国特色的非银行金融机构。在我国经济快速发展的20余年中，财务公司对我国企业集团做大做强提供了有力的支持作用，同时也为我国的经济创造了极大的效益。自1987年5月中国人民银行批准我国第一家企业集团财务公司——东风汽车工业财务公司以来，大型企业集团纷纷成立财务公司以便于形成内部资本市场，进而提高资金使用效率。据笔者研究统计，我国财务公司的数量由2007年的62家增长到2015年的109家①，其对应的A股上市公司由144家提高到243家，平均而言，每个企业集团旗下控制着至少两家A股上市公司（见表1-1）。这意味着，在企业集团构建内部资本市场的过程中，不可避免地需要旗下上市公司的参与，导致财务公司与上市公司之间关联交易的产生。

表1-1 企业集团财务公司及对应A股上市公司的年度变化趋势

年份	财务公司个数	A股上市公司个数	对应A股上市公司的平均数
2007	62	144	2.323
2008	69	156	2.261
2009	76	177	2.329
2010	92	211	2.293
2011	112	237	2.116
2012	109	243	2.229
2013	109	243	2.229
2014	109	243	2.229
2015	109	243	2.229

数据来源：根据笔者手工搜集数据统计得出。

① 此处的财务公司数量与对应上市公司数量为笔者在研究过程中整理得出。

财务公司成立的重要原因在于为企业集团实现资金集中管理、统一资金调配，提高资金的使用效率，缓解企业资金短缺的难题。近年来，财务公司在企业集团管理和运作过程中发挥着越来越重要的作用。通过财务公司对资金实施集中管理，不仅强化了集团内部的资金管理，提高资金的使用效率，大大降低财务费用，而且强化了集团投融资的管理力度，提高了集团整体的信用等级，保障了集团管理层决策的时效性和实施的正确性。尤其是2008年的国际金融危机爆发，财务公司作为集团财务资源的集中管理平台，为集团的发展提供了必要的资金支持，帮助企业集团安然度过寒冬，迅速复苏走出困境。

出于对集团整体利益的考虑，集团母公司希望实现企业集团内部资金的归集和统一管理，因而要求集团下属上市公司与财务公司签订《金融服务协议》①，将上市公司的资金也纳入集团范围内进行统筹规划。然而，上市公司虽然隶属于企业集团，受企业集团母公司的控制和监管，但仍是公众公司，受证券市场的监管，并且需要对外部中小股东的利益负责。因此，我们拟通过考察《金融服务协议》的签订这项关联交易，试图打开企业集团的黑箱，据此剖析企业集团的内部资本市场。通过检验《金融服务协议》究竟是有利于上市公司以低成本获取资金进行正常经营与投资活动，还是异化为集团母公司掏空上市公司利益的工具，这对于我们理解企业集团内部市场的有效性具有十分积极的作用，同时也对保护中小投资者的利益提供了启示意义。

我国有关内部资本市场资源配置效率的实践显示，大股东视其旗下的上市公司为融资的源头，依赖上市公司的融资优势从资本市场获取资金，通过不同的方式进行内部资本运作，以满足集团内其他非上市成员公司的资金需要。还有证据表明，我国上市公司大股东往往凭借其控制权优势，通过资金占用、关联交易和贷款担保等“掏空”手段谋取私利，进而扭曲企业集团内

① 本书所提到的《金融服务协议》泛指财务公司与上市公司之间签订的《金融服务协议》《金融服务框架协议》等，也包括在《日常关联交易框架协议》里包含的金融服务项目。附录一是山东新能泰山发电股份有限公司与其关联财务公司（中国华能财务有限责任公司）之间有关存贷款的关联交易公告。

部资本的配置行为，最终使得内部资本市场成为大股东掏空上市公司的工具，从而降低了公司集团内部资本的配置效率（Fan等，2008）。然而，王峰娟和粟立钟（2013）对我国企业集团的内部资本市场效率进行直接测度，发现我国企业集团的内部资本市场不仅表现出了出色的“挑选胜者”的能力，并且能够持续有效地配置资源。基于上述证据，我国企业集团构建的内部资本市场的有效性还备受争议。同时，鉴于企业集团在资本市场中的重要地位，关注企业集团内部关联交易的效率和效果，关注关联存款对上市公司运营效率的可能影响，无论对于提高我国上市公司的经营管理效率，还是保护中小投资者及相关决策者的利益，甚至于我国资本市场的健康发展，都将具有重大意义。

签订《金融服务协议》是上市公司与财务公司之间发生的关联资金交易，是企业集团试图构建内部资本市场过程的重要环节。因此本书基于《金融服务协议》的签署及协议中涵盖的主要内容、财务公司与上市公司之间的实质交易等资料，全面具体地刻画企业集团内部的关联资金交易，进而分析企业集团内部资本市场的效率，通过考察影响《金融服务协议》签订的因素及这项交易对上市公司造成的经济后果，为企业集团内部资本市场的有效性及大股东与上市公司之间的交互行为提供补充证据。

因此，我们基于我国企业实践，对企业集团构建内部资本市场这一设定进行深入的剖析和讨论。企业集团试图构建内部资本市场以提高企业集团内部的资金使用效率，于是依赖财务公司进行资金的集中管理。通过财务公司为成员公司提供存贷款、资金结算等金融服务，集团母公司试图将资金留在企业集团内部，以便于资金进行统筹管理。由于上市公司受外部证券市场的监督，在发生上述金融服务交易时需签订《金融服务协议》，这为我们考察关联资金交易对上市公司经济后果的影响提供了重要的实现途径。本部分总的研究目的在于，基于《金融服务协议》及协议中涵盖的有关重要项目，考察这项关联交易的影响因素及其可能导致的经济后果。

具体而言，我们拟从如下三个方面对上述问题进行考察：

其一，《金融服务协议》的签订主要受到哪些因素的影响及其对市场价值的影响。首先，从理论角度看，企业集团的内部资本市场既有对外部交易成本降低带来的收益，也存在双重代理问题导致的效率损失，究竟哪种情况占主导地位决定了内部资本市场是否有效；其次，从实务角度分析，大股东的非经营性资金占用已受到证监会等部门的重点关注，并得到了一定的改善，说明以往的大股东直接占用资金方式受到了抑制。签订《金融服务协议》这一事件本身可能是大股东潜在侵占中小股东利益的行为，因此，检验哪些因素可以影响这种关联交易的签订，以及此项关联交易是否会对上市公司产生负面影响，对于外部中小投资者的利益保护均有十分积极的意义。基于上述观点，我们拟对如下问题进行检验：①金融服务协议的签订属于上市公司与其控股股东下属公司之间的关联交易，哪些公司治理的影响因素会影响金融服务协议的签订？②这类金融服务协议的签订是否会对公司价值造成损害？③这样的价值减损在哪类上市公司更加严重？以上三个问题构成本书第 6 章的研究内容。

其二，关联存款占上市公司现金资源的比重对现金持有价值的可能影响。现金作为一种易于被代理人随意使用的资源，也是控股股东在侵占外部中小股东利益时寻租的主要对象。但在以往文献中仅从代理成本角度进行分析，未区分第一类代理问题和第二类代理问题，我们试图检验第二类代理问题（控股股东与中小股东之间）对上市公司现金持有量的影响。我们认为考察上市公司在财务公司存放的关联存款占现金的比重，可以帮助我们直观、综合地考察大股东对上市公司利益侵占的程度。本章在控制了公司经营需要与战略计划等因素的影响后，检验第一大股东持股比例对关联存款比率的影响。同时，为验证关联存款为第二类（大股东与中小股东）代理问题的体现，我们还进一步考察了不同关联存款比率的公司其现金持有价值的差异，并构成本书第 6 章的内容。

其三，大股东过度占款对上市公司长期业绩表现的可能影响。由于关联存款是指上市公司存放在财务公司的现金，与 Jiang 等（2010）提到的大股东直接占用资金的方式不同，关联存款记录在上市公司财务报表的货币资金项目中，是上市公司现金资产的一部分。上市公司仍然拥有这部分现金的控制权，可以利用这部分资金进行必要的经营活动，因此我们推测大股东对关联存款的占用并不会立刻损害经营绩效。但是，由于控股股东的代理动机，大股东过度占用上市公司资金的行为使得上市公司缺乏资金，必会在长期对其主要经营业务等活动有所影响。那么在控股股东过度占用上市公司资金的情况下，上市公司的长期绩效是否会受到损害呢？该问题构成本书第7章的内容。

1.2 重要的概念界定

1.2.1 企业集团

一般而言，企业集团是由多个法人企业或非法人企业组成的，以资本为主要联结纽带的企业联合组织。我国目前所沿用的企业集团的概念来自日本。《企业集团登记管理暂行规定》第三条规定“企业集团是指以资本为主要联结纽带的母子公司为主体，以集团章程为共同行为规范的母公司、子公司、参股公司及其他成员企业或机构共同组成的具有一定规模的企业法人联合体”。

1.2.2 企业集团财务公司

在我国，根据银监会2004年颁布的《企业集团财务公司管理办法》，“财务公司是指以加强企业集团资金集中管理和提高企业集团资金使用效率为目的，为企业集团成员单位提供财务管理服务的非银行金融机构”。其中，“企业集团是指在中华人民共和国境内依法登记，以资本为联结纽带、以母子公司为主体、以集团章程为共同行为规范，由母公司、子公司、参股公司及其他成员企业或机构共同组成的企业法关合体。成员单位包括母公司及其控股51%以上的子公司（以下简称子公司）；母公司、子公司单独或者共同持股20%以上的公司，或者持股不足20%但处于最大股东地位的公司；母公司、子公司下属的事业单位法人或者社会团体法人。”

1.2.3 同业竞争关系

同业竞争关系是指上市公司的控股股东（包括绝对控股股东与相对控股股东）及其下属关联企业所从事的业务与该上市公司的业务构成或可能构成的直接或间接的竞争关系（汤树梅，2004）。

1.2.4 《金融服务协议》

上市公司关联交易的定义是上市公司或其子公司与“关联人”发生的交易，“关联人”可以是上市公司的控股股东或是控股股东的下属公司、董事会成员、经理人，或是持有上市公司股份的其他法人企业。《金融服务协议》（如图1-1）即为上市公司与关联财务公司之间发生的关联资金交易。

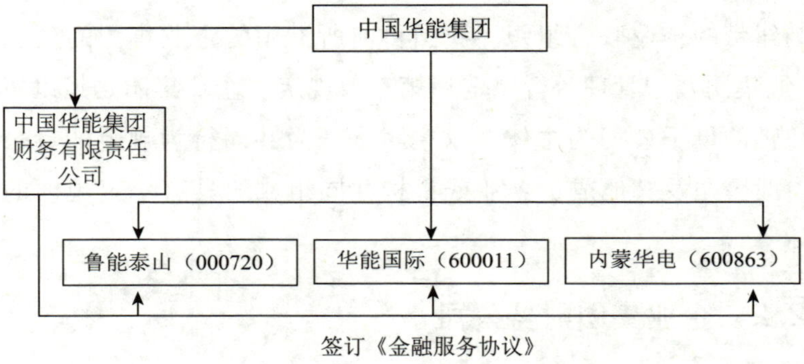

图1-1 《金融服务协议》范例

1.3 研究框架

本书主要的研究框架如下：

具体而言，第1章为引论，主要是对本书研究话题背景的阐述及研究内容的简要介绍；第2章为相关的制度背景和文献综述，主要介绍我国企业集团以及财务公司的发展历程和现状，以及对现有企业集团相关文献的总结；第3章到第8章为本书主要的研究内容，分别考察企业集团的存在是否会影响上市公司的过度投资程度；企业集团对上市公司创新效率的影响；上市公司存在同业竞争关系如何影响其投资效率；上市公司与财务公司签订的关联《金融服务协议》的影响因素及其对上市公司市场价值的可能影响；上市公司与财务公司形成的实质关联交易对上市公司现金价值的影响；以关联存款是否超过协议上限衡量大股东代理问题与上市公司盈余持续性之间的关系研究；第 9 章对全书研究结论的总结，可能的研究贡献，并提出对未来研究方向的展望。

本书的研究路线如图 1-2 所示。

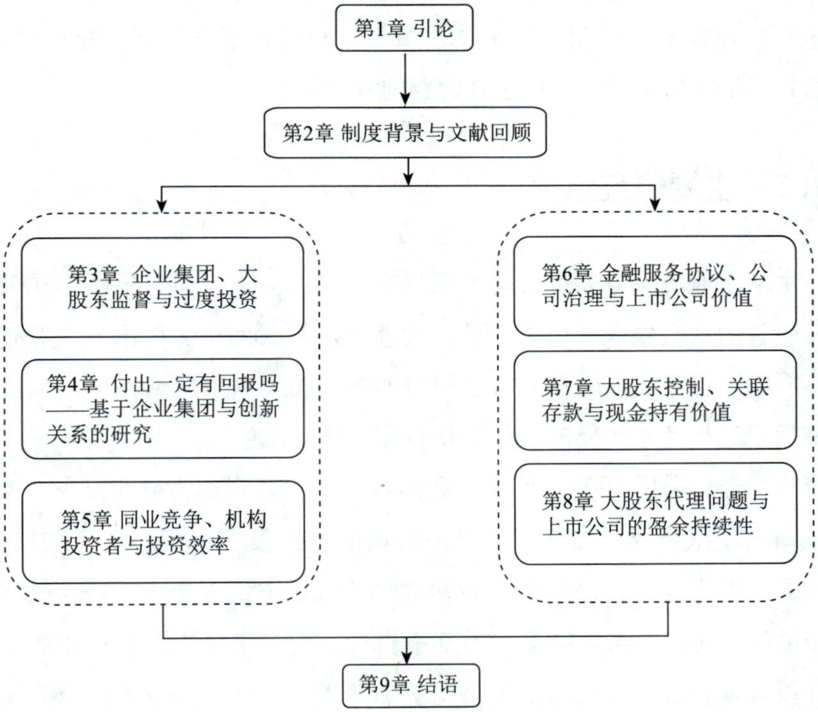

图 1-2　研究路线图

1.4　研究方法

本书综合应用经济学、公司财务、会计学、计量经济学、统计学等相关的理论与技术方法，借鉴和参考国内外新近的研究成果，希望从理论研究和实践应用方面有所突破和创新。本书以实证研究作为主要研究方法，通过综合使用多种研究手段，如规范分析与实证研究相结合、比较研究与综合分析、定性分析与定量研究等。

本书第 2 章主要采取规范研究中的档案研究法，通过搜集大量的研究文献资料，从中进行归类、汇总和甄别，对我国企业集团财务公司的发展现状及企业集团研究中的相关问题进行研究；第 3 章至第 8 章是本书实证研究的核心部分，主要采用计量分析手段，通过选择合适的样本，构建回归模型进行统计分析，对理论推理给出的研究结论做出进一步的验证。所涉及的统计方法包括描述性统计、相关性分析、单变量检验、混合面板数据回归模型、面板数据的固定效应模型、内生性问题的考虑等。

1.5 主要研究结论

本书从企业集团与上市公司关系研究，以及上市公司与集团下属关联财务公司签订的《金融服务协议》这一关联交易形式两个方面出发，对企业集团如何影响上市公司，以及上市公司与财务公司关联资金交易的影响因素与其经济后果进行考察和分析，主要得出以下研究结论：

第一，通过采用 2003—2012 年我国 A 股上市公司作为研究对象，考察了企业集团的存在是否会加重下属上市公司的过度投资程度。实证结果表明，相比独立的上市公司，隶属于企业集团的上市公司过度投资程度更加严重。进一步的研究显示，当可能面临外部融资约束时，隶属于企业集团的上市公司过度投资现象也比独立的上市公司更加严重。另外，企业集团母公司也会在一定程度上制约上市公司管理层的代理行为，如向上市公司派驻董事，我们发现企业集团内部大股东监督能力的增强能够有效抑制下属上市公司的过度投资行为。

第二，我们考察了企业集团所属上市公司是否具有更高的创新水平及其对创新影响的内在机制与经济后果。实证结果发现，与非企业集团上市公司相比，隶属于企业集团的上市公司具有更高的创新投入水平，但是对创新产出没有显著影响，说明企业集团内部资本市场的低效率。进一步分析发现，企业集团对创新投入影响的作用机制在于自由现金流量的促进作用，以及集团内其他公司创新投入带来的同伴效应。通过分析企业集团创新收入的经济结果，我们发现企业集团创新投入的增加提高了管理层的隐性薪酬，却损害了公司的价值。上述发现不仅为企业集团内部资本市场运作的低效率提供了更为直观的经验证据，也拓展和深化了企业创新的相关研究。

第三，同业竞争问题一直是困扰我国资本市场发展的重要阻碍之一。通过考察我国2007—2010年A股主板上市公司，我们实证检验了同业竞争关系的存在对上市公司投资效率的影响。结果表明，存在同业竞争关系的上市公司比不存在同业竞争关系的上市公司投资效率更低。在区分投资不足与投资过度之后可以发现，同业竞争关系不仅与过度投资正相关，也与投资不足正相关。进一步的研究显示，机构投资者的参与可以有效降低同业竞争关系带来的上市公司投资效率损失。

第四，通过选取2007—2013年中国资本市场上设立关联财务公司的A股上市公司作为样本，考察哪些因素对上市公司与关联财务公司之间签订《金融服务协议》有影响，结果发现基金持股比例高、董事持股比例高、独立董事比例高、市场化程度高的非国有上市公司更不倾向于签订《金融服务协议》。而股权制衡、是否被十大会计师事务所审计则不能显著影响《金融服务协议》签订。然而，当处在同样的内部治理条件下，审计质量好的上市公司更不倾向于签订《金融服务协议》。进一步地，本章对《金融服务协议》签订对公司价值的影响进行检验，发现在其他条件既定的情况下，签订《金融服务协议》的上市公司价值显著更低，这种价值减损在国有上市公司中更加严重。

第五，我们检验第一大股东的持股比例如何影响关联存款占现金的比重，研究发现，第一大股东的持股比例与关联存款占现金的比重呈现U型关系，即当第一大股东持股比例较低时，关联存款占现金的比重随第一大股东的持股比例增加而减少，而当第一大股东持股比例较高时，关联存款占现金的比重会随第一大股东的持股比例增加而增加。主要的原因是当第一大股东持股比例较低时，其他股东对大股东的制衡能力较强，因此可以限制关联存款的增加。而当第一大股东处于绝对控制的地位时，其他股东能力有限且力量分散，难以起到有效监督的作用，这使得大股东更有能力增加关联存款。进一步考察发现，与关联存款占比低的上市公司相比，关联存款占现金比重高的上市公司现金持有价值显著更低。这表明上市公司持有更多的关联存款源于大股东的代理动机。

第六，以关联存款余额是否超过《金融服务协议》中规定的存款项目上限衡量控股股东是否过度占用上市公司资金，考察集团公司占用上市公司资金的行为是否会影响公司的盈余持续性。研究发现，控股股东过度占用上市公司资金显著负向影响上市公司的主营业务盈余持续性。具体而言，控股股东对上市公司资金占用的行为越严重，上市公司的主营业务盈余持续性越差。进一步地研究发现，上述关系在不同成长性和股权性质的上市公司中有所差异。同时，我们发现机构投资者比例可以显著降低控股股东过度占用资金对盈余持续性的负向影响。

1.6　主要研究贡献

本书的研究可能在以下几个方面丰富和扩充了现有理论文献：

（1）关注了企业集团影响上市公司决策的经济后果。本书从企业集团为上市公司提供自由现金流的角度、同业竞争关系存在方面对企业集团如何影响上市公司的投资和创新活动进行了较为深入的研究，发现企业集团对上市公司的投资决策有很大影响，但容易出现上市公司的非效率投资，我们的结论补充和发展了现有的关于企业集团的文献。

（2）在企业集团的框架下拓展和丰富了有关集团内部公司间交易的相关文献。以往对关联交易的研究主要集中在关联销售交易中的定价问题，或是关联担保等，本书的研究则从上市公司与其内部财务公司间的资金交易角度作为切入点，考察潜在的资金占用行为对上市公司外部投资者的价值损害，补充和拓展了现有关联交易的研究。

（3）加强和补充了现有关于投资效率和企业创新的理论文献。以往文献多从独立公司的角度出发，研究投资效率和创新活动，本书则试图从企业集团这一重要组织形式入手，对企业集团如何影响上市公司的投资效率进行深入研究，发展了相关文献。

（4）进一步深化了上市公司现金持有的代理理论。我们的研究从一个全新的视角，即上市公司存放在财务公司的关联存款占现金的比重作为大股东寻租的衡量方式，运用大样本的实证研究方法，考察了影响大股东侵占程度的因素，并进一步检验了由大股东代理问题导致的效率损失，这不仅丰富了关于上市公司现金持有方面的研究，也有助于在企业集团框架下深化对第二类代理问题（大股东与中小股东间）的理解。

（5）拓展了有关控股股东资金占用和盈余持续性的研究文献。通过关注企业集团中控股股东对上市公司资金的过度占用行为对于盈余持续性的影响，验证了大股东代理问题对盈余质量的负向影响，丰富和扩展了已有关于盈余持续性的研究文献，同时也丰富了以往研究控股股东资金占用经济后果的文献。

本书的研究也具有如下实践价值：

（1）突出了公司治理在企业集团中的重要性。本书的研究结论表明，尽管上市公司隶属于企业集团，但其自身良好的公司治理仍能在一定程度抑制企业集团对上市公司决策效率损失，以及上市公司与关联公司之间发生的对公司价值有负面影响的交易，进而保护外部中小投资者的利益，推动资本市场健康稳定发展具有重要作用。同时，上述研究结论对于我们完善上市公司的内部治理与控制有着积极的启示性意义。

（2）启发资本市场投资者的相关决策。上市公司的股票价值是投资者在决策过程中所要参考的重要指标，也与其投资利益关系密切。本书关注企业集团如何影响上市公司的决策，以及企业集团框架下上市公司与关联财务公司签订的《金融服务协议》对上市公司运营效率的可能影响，研究结论表明，上市公司好的公司治理与机构投资者扮演的积极监督角色均可以在一定程度上降低效率损失。上述结论对于股票市场上的投资者进行决策具有重要的参考价值。

（3）凸显了产权性质在我国资本市场中的重要意义。本书的研究结果发现国有控股的上市公司与关联财务公司之间发生的关联交易对公司价值的负向影响更大。这表明，国有控股的上市公司由于所有者缺位导致自身受关联交易的负向影响更大。但由于政府的干预，国有控股的上市公司在决策时并非以公司价值最大化为目标，而是尽可能迎合规章制度的要求。这种行为会导致外部投资者的利益受损。因此，我们的结论也为我国的政策制定者提供了积极的启示意义。

第2章　制度背景与文献回顾

2.1　企业集团的发展及现状

自1978年改革开放开始，我国企业集团的发展经历了孕育和萌芽、创建、规范化发展三个阶段。

2.1.1　孕育和萌芽阶段（1980—1986年初）

在这段时期，受益于改革开放，传统的管理体制有所松动，国有企业的自主权扩大，一些大型企业萌发了扩张需求，开始出现经济联合体。针对这一现象，国务院于1980年7月发布《关于推动经济联合的暂行规定》，该文件规定："随着经济管理体制的初步改革，当前各地已开始出现一些经济联合形式"，"走联合之路，组织各种形式的经济联合体，是调整好国际经济和进一步改革经济体制的需要，是我国国民经济发展的必然趋势"，"组织联合，不受行业、地区和所有制、隶属关系的限制。但不能随意改变联合各方的所有制、隶属关系和财务关系"。在这一政策规定的支持下，一批又一批的跨地区、跨部分、跨行业的横向经济联合体相继诞生。虽然这些经济联合体套用了"企业集团"的名称，但在本质上与真正意义的企业集团存在巨大差异，只是企业集团的一种雏形。

2.1.2　创建阶段（1986年3月至1991年12月）

这一时期企业集团发展与前一时期的情况略有不同：前一时期遵循的是先由企业在实践中探索，然后由政府政策予以规范的路径；而这一时期遵循政府政策引导的发展路径。1986年，国务院颁布了《关于进一步推动横向经济联合的若干问题的规定》，其中明确指出，“通过企业之间的横向经济联合，逐步形成新型的经济联合组织，发展一批企业群体或企业集团”。与此规定相配套，财政部、中国人民银行、物资局等分别制定了支持企业横向联合的具体政策措施。稍后在六届人大四次会议上又正式提出了发展企业集团的任务。这些政府行为标志着企业集团的发展从自发走向自觉。在这些政策和行为的推动下，企业集团如雨后春笋般发展起来。根据国家体制改革委员会的统计结果，到 1988 年底，全国经过地市级政府批准并在工商行政管理局注册的企业集团有 1630 家。其中，广东有 240 家，上海 163 家，最少的宁夏也有 6 家。到 1995 年底，全国登记注册的企业集团更是多达 2 万多家。某些地区的集团创建速度更是惊人。例如，上海市一些行政职能公司被取消后，原来下属的一些工厂企业迫于市场竞争的压力，也开始积极寻求对外联合，相继组建为集团公司。企业集团的快速发展随即带来了规范与管理问题。为此，1987 年底，国家体改委、国家经贸委颁发了《关于组建和发展企业集团的几点意见》，对企业集团的含义、组建企业集团的原则及企业集团的内部管理等问题第一次做出了明确规定。尽管如此，这份文件虽然对规范和促进企业集团的发展有一定影响，但是对企业集团的本质特征并没有真正明确，在政府经济管理人员及企业人士中，企业集团仍然是一个模糊的概念。直到两年后，在国家体改委印发的《企业集团组织与管理座谈会纪要》的文件中，才首次对企业集团的基本特征做出了明确的规定，其中明确指出企业集团公司与紧密层、半紧密层企业的联结纽带主要是产权关系。

总体而言，在这一阶段，一方面，在实践中，企业纷纷组建企业集团，导致企业集团大量涌现；另一方面，政府在支持企业集团创建的同时，也加深了对这种特殊组织形态的认识和理解，逐步探寻到真正意义上的企业集团的本质特征和管理规范，为下一阶段企业集团的发展奠定了理论基础。

2.1.3 规范化发展时期（1991—2000 年左右）

1991 年 12 月 14 日国务院批转了国家计委、国家体改委、国务院生产办公室《关于选择一批大型企业集团进行试点的请示》（国发〔1991〕71 号文件)，标志着中国企业集团开始朝着规范化发展。这份文件的重点是规范试点企业集团的经营管理行为，其中核心内容是所谓的“六统一”。具体内容包括：发展规划、年度计划，由集团的核心企业统一对计划管理部门；实行承包经营，由集团的核心企业统一承包，紧密层企业再对核心企业承包；重大基建、技改项目的贷款，由集团核心企业对银行统贷统还；进出口贸易和相关商务活动，由集团核心企业统一对外；紧密层企业的主要领导干部，由集团核心企业统一任免。按照这份文件的要求，55 家（实际是 57 家）企业集团在国家计委单列，并在政府的直接干预和指导下，开始面对市场，规范管理，其在国民经济中的地位得到提高；相反，没有列入试点的一些企业集团由于经营管理行为的不规范，致使集团功能难以充分发挥，有时甚至走向解体。例如，上海工业系统在一年内成立的 150 家企业集团，到 90 年代初只剩 28 家。当然，从现在的观点看这份文件对企业集团的规范与发达市场经济国家的企业集团的经营管理行为还有相当大的差距，导致这种状况的主要原因在于中国当时的经济体制和企业制度。当时，中国的基本经济体制仍然是有计划的商品经济，企业尚未建立现代企业制度，因而还不能完全按照发达市场经济国家企业集团的经营管理模式来规范企业集团的行为。

1993 年 11 月在党的十四届三中全会中所提出的社会主义市场经济制度及 1994 年《公司法》的生效，使企业集团内部成员之间的经营管理和相互关系有了基本的行为准则规定，从而为企业集团进一步规范经营管理行为奠定了基础。1997 年 4 月，国务院批转了国家计委、国家经贸委、国家体改委《关于深化大型企业集团试点工作的意见》，其中提出“建立以资本为主要纽带母子公司体制”的目标。在随后召开的十五大中又强调：“以资本为纽带，通过市场形成具有较强竞争力的跨地区、跨行业、跨所有制和跨国经营的大企业集团。”这两份文件明确规定了企业集团的形成过程和联结纽带，解决了中国企业集团规范发展过程的最基本、最核心的问题。这样，中国企业集团在 18 年的探索发展的过程中，终于扫清了规范发展道路上的所有制度性障碍和束缚，从而得以按照真正意义上的企业集团的经营管理模式快速成长。

2.1.4 现状

随着企业集团的不断规范化发展，企业集团越来越成为我国经济体中不可忽视的力量。据国务院发展研究中心和统计局的统计数据显示，中国企业集团为中国的工业总产出贡献了60%。截至2018年底，中国前500强的企业集团，其总收入达到中国国内生产总值（GDP）的86%。其中，172家企业集团的总收入超过100亿元人民币。同时，前500强的企业集团雇佣员工人数约为3200万人，创造了大量的就业机会。另外，资本市场上约70%的上市公司也隶属于企业集团。因此，从资本市场的上市公司作为切入点研究企业集团，对于我们理解中国资本市场，乃至于对中国经济发展都具有重要意义。

2.2 企业集团财务公司的发展及现状

伴随着我国大型企业集团的发展，资金集权管理、内部资金融通等金融需求相继出现，企业集团具备了最原始的产融结合动机，内设金融机构——财务公司应运而生。其作为一类新兴的金融机构，自1987年第一家企业集团财务公司的成立，至今已有20多年。从1987—1991年初期发展的摸索阶段，到1992—1995年快速发展中的盲目扩张和违规现象等，再到1996年至今规范及调整阶段的各种相关法律法规的出台，如1996年9月中国人民银行发布的《企业集团财务公司管理暂行办法》，2000年6月中国人民银行发布的《企业集团财务公司管理办法》（又称旧办法），和2004年7月中国银行业监督管理委员会发布的《企业集团财务公司管理办法》（又称新办法），更加明确我国企业集团财务公司的市场定位、市场准入标准、业务范围等。至此，我国企业集团财务公司正式进入了成熟发展的阶段。

根据《中国企业集团财务公司年鉴2018》的记载，截至2017年底，246家财务公司的资产总计超过5.7万亿元，其中净资产接近8000亿元，利润总额接近1000亿元。表2-1报告了财务公司行业分布的情况，不难看出，从机构数量来看，在电力、投资控股、交通运输、煤炭等行业，财务公司的数量较大；从资产规模来分析，电力、军工和石油化工等行业的财务公司普遍规模较大；以净资产收益率作为盈利指标，军工、电力、民生消费、酒店旅游等行业的财务公司更赚钱。

表 2-2 报告了截至 2017 年底财务公司的所有制分布情况，国有企业集团的财务公司数量为 202 家，比例为 82.11%，其中中央国有企业为 73 家，地方国有企业为 129 家；从资产规模比例看，国有企业集团的财务公司资产规模高达 51907.14 亿元，占所有财务公司资产总额的 90.78%，其中中央国有企业为 35116.06 亿元，地方国有企业为 16791.08 亿元。从净资产收益率指标角度看，外资企业财务公司的盈利能力最强，达到 23.26%，高于中央国有企业的 13.01%，地方国有企业的 11.70%，以及集体民营企业的 9.43%。

以上数据显示，不管从数量上，还是资金规模上，我国的企业集团财务公司都十分重要。同时，财务公司的盈利能力也甚为可观，这对于提供整个企业集团的价值都具有十分重要的意义，因此基于财务公司的研究十分重要且必要。

表 2-1 财务公司行业分布状况统计

行业	机构		资产		净资产		利润总额	
	数量（家）	占比（%）	金额（亿元）	占比（%）	金额（亿元）	占比（%）	金额（亿元）	占比（%）
电力	20	8.13	7293.61	12.76	1046.16	13.13	151.69	15.56
石油化工	17	6.91	8032.12	14.05	1141.45	14.33	144.23	14.79
电子电器	17	6.91	3662.99	6.41	429.40	5.39	61.73	6.33
煤炭	21	8.54	3301.81	5.77	545.75	6.85	67.19	6.89
建筑建材	14	5.69	4809.08	8.41	487.96	6.12	51.13	5.24
钢铁	15	6.10	2127.89	3.72	511.29	6.42	32.70	3.35
机械制造	15	6.10	2575.55	4.50	301.92	3.79	40.32	4.14
交通运输	25	10.16	3962.00	6.93	617.45	7.75	58.78	6.03
军工	9	3.66	6492.82	11.36	581.65	7.30	114.75	11.77
有色金属	18	7.32	1770.10	3.10	354.71	4.45	31.37	3.22
汽车	11	4.47	4389.80	7.68	474.80	5.96	82.17	8.43

续表

行业	机构		资产		净资产		利润总额	
	数量（家）	占比（%）	金额（亿元）	占比（%）	金额（亿元）	占比（%）	金额（亿元）	占比（%）
酒店旅游	3	1.22	286.63	0.50	40.49	0.51	2.99	0.31
商贸	9	3.66	898.90	1.57	154.85	1.94	12.54	1.29
投资控股	20	8.13	2780.82	4.86	531.05	6.66	43.74	4.49
民生消费	11	4.47	1513.94	2.65	171.99	2.16	30.53	3.13
农林牧渔	12	4.88	1098.81	1.92	214.22	2.69	18.16	1.86
其他	9	3.66	2183.03	3.82	362.71	4.55	31.04	3.18
总计	246		57179.90		7967.85		975.04	

数据来源：《中国企业集团财务公司年鉴2018》。

表2-2 财务公司所有制分布状况统计

所有制	机构		资产		净资产		利润总额	
	数量（家）	占比（%）	金额（亿元）	占比（%）	金额（亿元）	占比（%）	金额（亿元）	占比（%）
中央国有企业	73	29.67	35116.06	61.41	4454.72	55.91	579.77	59.46
地方国有企业	129	52.44	16791.08	29.37	2551.27	32.02	298.44	30.61
集体民营企业	41	16.67	4760.54	8.33	917.22	11.51	86.45	8.87
外资企业	3	1.22	512.22	0.90	44.63	0.56	10.38	1.06
总计	246		57179.90		7967.85		975.04	

数据来源：《中国企业集团财务公司年鉴2018》。

表2-3 财务公司存款来源和贷款去向统计

贷款分类	金额（亿元）	占比（%）	存款分类	金额（亿元）	占比（%）
上市公司贷款	2663.80	10.59	集团母公司存款	9876.90	21.64
集团母公司贷款	5723.30	22.75	上市公司存款	13404.84	27.10
其他成员单位贷款	14899.60	59.22	其他成员单位存款	21199.24	49.79
其他单位贷款	1874.11	7.45		1966.65	1.47
总计	25160.81		总计	46447.63	

数据来源：《中国企业集团财务公司年鉴2018》。

作为企业集团内部资金管理的运作平台，财务公司以加强企业集团资金集中管理和提高企业集团资金使用效率为目的，主要有以下职能：①内部结算职能；②筹资融资职能；③投资管理职能；④委托代理咨询服务功能（盛毅等，2010）。财务公司通过其内部结算职能，可以使成员单位之间的资金往来更加迅速，加快企业资金的周转，减少资金占用，降低财务费用；同时由于各成员单位对资金的需要存在时间上的差异，可以通过将资金盈余企业的资金调拨到资金短缺的企业，在一定程度上解决了成员单位的资金需求，实现其筹资融资职能，有利促进集团经济的增长。另外，财务公司还会发挥其投资功能将集团内部的暂时闲置资金进行有效资源配置，如购买金融品种或股权以获得更多收益。

基于上述，我们了解到，财务公司是企业集团内部重要的资金归集和配置中心。对于企业集团内部的上市公司而言，由于受到集团母公司的控制，在一定程度上需要配合集团利益。然而，上市公司也是公众公司，为保护外部投资者利益，其仍需受到外部监管当局的监督。在企业集团为了集团利益，希望将集团资源进行整合，促进企业集团资源配置效率的过程中，可能会与外部投资者的利益相矛盾，因此当上市公司与关联公司发生关联交易时，外部投资者会担心大股东利用关联交易损害到自身利益，如本书拟研究的《金融服务协议》，就是财务公司向上市公司提供相关金融服务的关联交易协议。

表 2-3 报告了财务公司存款来源和贷款去向的统计，可以看出，财务公司的存款来源和贷款去向均来自企业集团内部，这与财务公司服务于集团内部的范围和目的是吻合的。另外，我们看到在财务公司各项贷款中，上市公司贷款金额约为 2663.80 亿元，占财务公司总贷款的 10.59%；在财务公司各项存款中，上市公司存款金额约为 9876.9 亿元，占财务公司总存款的 21.64%，以上数据说明在财务公司运营活动中，上市公司均占有相当重要的地位，同时也说明财务公司为上市公司也提供了大量的存款和贷款服务。

2.3　委托代理问题与公司治理

当今社会中公司利益相关者之间存在两种主要的代理问题：首先是最传

统意义上的代理问题，即公司管理者与股东之间的代理问题；其次是由于股权结构集中造成的公司大股东与中小股东之间的代理问题。为了缓解上述代理冲突导致的效率损失，学者试图通过设计公司治理机制进行改善。本书的研究也会涉及上述代理问题，因此笔者在此对两类代理问题相关的研究文献及相应的公司治理研究文献进行简要回顾。

2.3.1 股东与管理者之间的代理问题

Jensen 和 Meckling（1976）对股东与管理者之间代理问题的系统性探讨引起了学者的广泛关注。他们基于现代公司所有权和经营权之间的分离，以及分散的股权结构特征（Berle and Means，1932），对股东和管理者之间的代理问题进行详细的分析。结果发现，由于管理层对公司的剩余收益不具有所有权，导致管理者与股东之间存在着利益的不一致，因此管理者有动机不尽全力为股东创造价值，反而会为满足自身利益侵占公司的资源，进而出现效率损失。Fama 和 Jensen（1983）认为股东和管理层之间代理问题的出现不仅仅是因为所有权与管理权的分离，信息不对称也是其中重要的诱因。由于信息不对称问题的存在，所有者与管理者之间无法事前建立一个完全有效的合约来避免代理问题的产生。同时，因为所有者无法观测到管理者的行为及努力程度，更加剧了信息不对称的程度。另外，我们一般假定公司是无限存续的，但管理者的任职时间是短暂的，因此管理者会关注短期内的现金流，而形成短视现象，因此管理者效用最大化与所有制价值最大化之间的冲突也会导致效率损失。而且管理者和所有者风险偏好的不同还会加剧这种冲突。

从股东利益来看，监督管理者的行为是有收益的。然而由于所有权的分散，在权衡监督成本与收益之后，单个股东不具有足够的动机去监督管理者而倾向于搭便车。Shleifer 和 Vishny（1997）认为有两种办法可以解决上述冲突，一是给予外部投资者以法律保护；另一种则是形成外部大股东。但是，虽然股权集中使得大股东能够起到有效监督的作用，但是大股东过强的控制力却会带来大股东出于自身利益损害其他股东的代理问题，即大股东与中小股东之间的代理问题。

2.3.2　大股东与中小股东之间的代理问题

近年来，大股东与中小股东之间的代理问题越来越受到关注。由于大股东与中小股东利益的不一致，导致大股东会出于自身利益的考虑侵占到中小股东的利益，即产生代理问题。Shleifer 等（1986）的分析显示，美国市场上公司的股权集中程度越来越高。La Porta 等（1999）首次对全球近 30 个发达国家资本市场的上市公司进行观测，发现大约 64%的上市公司有最终控制人。在西欧和东亚国家也发现了同样的证据（Faccio et al.，2002；Claessens et al.，2000）。上述研究表明在大多数国家里是存在大股东的。Shleifer 和 Vishny（1997）曾认为通过大股东能够达到监督管理者的目的，有利于解决管理者与股东之间的代理问题，降低代理成本从而增加公司价值，此观点也得到了一些理论与实证研究的证实（Stulz，1988；McConnell and Servaes，1990；Anderson and Reeb，2003 等）。

然而，Johnson 等（2000）的研究指出由于大股东的控制权私有收益并不能与所有股东分享，导致大股东与中小股东之间的利益冲突，从而引发大股东与中小股东的代理，因此他们认为大股东会利用控制权侵占中小股东利益，进行“掏空”上市公司的行为，如关联交易（Jian and Wong，2010）、非经营性资金占用（Jiang et al.，2010），等等。一些研究从理论和实证两个方面说明了德、日等国家中存在的上市公司大股东侵占中小股东利益的情况（Franks and Mayer，1994；Weinstein and Yafeh，1998），证实了股权集中的上市公司存在着明显的大股东与中小股东之间的代理问题。对于我国上市公司而言，大股东掏空上市公司，侵占中小股东利益的问题也相当严重（孙永祥，2002；刘峰等，2004；姜国华和岳衡，2005 等）。

2.3.3　公司治理

两种代理问题均是由公司相关利益者之间的利益冲突所导致的，因此现代公司治理理论的发展就是着眼于如何减少和控制这种利益冲突，从而最大限度地使经营效率得到提高（姜国华等，2006）。郑志刚（2004）认为公司治理指的是公司的所有者或投资者利用法律等对投资者权益保护的规定、竞争市场自发选择机制或者通过一定的经济理论的指导通过人为制度设计来实现对公司的有效控制，最终降低代理成本，从而使自身权益最大化的各种制度安排的总和。

Jensen 和 Meckling（1976）的观点指出，由于委托人与代理人之间的利益不一致，必然导致代理成本。因此需要设计适当的机制来解决公司的代理问题，降低代理成本，增加股东利益（陈工孟，1997）。Singh 和 Davidson（2003）认为对于规模较大的公司而言，提高管理层持股份额可以显著缓解代理冲突导致的效率损失，这与 Fama 和 Jensen（1983）关于剩余索取权的观点较为一致，即使股东与管理者利益一致，使得后者能够努力实现前者利益，也是激励机制的体现。谢德仁和陈运森（2010）发现我国实施的经理人业绩型股权激励计划也能给股东带来正的财富效应。另外，监督机制也能降低代理成本。由于委托人与代理人利益不一致，代理人会使用公司自由现金流进行过度投资、在职消费等损害委托人利益的行为，若能够引入有效的监督机制，如控制公司的自由现金流（胡建平和干胜道，2009）、提高大股东股权比例（李明辉，2009）、建立完善的独立董事制度（叶康涛等，2007）、提高内部控制质量（杨德明等，2009）等，则能够有效降低代理成本，提高公司运营绩效。除了以上治理机制外，外部环境也十分重要，LLSV（1998）认为法律制度对公司代理问题的缓解作用十分积极，各国可以通过加强资本市场的投资者保护制度实现。Dyck 和 Zingales（2004）还考察了法律外的制度可能的公司治理作用，如产品市场竞争、媒体、税务等。高雷和宋顺林（2007）认为外部治理环境对代理成本有显著抑制作用，罗党论和唐清泉（2007）发现市场化程度与大股东掏空行为呈负相关关系，这也与郑国坚（2011）的观点相似。

2.4 企业集团相关的研究文献

现有文献对企业集团研究角度十分丰富，但却未得到企业集团与社会福利之间关系的一致结论，主要是因为企业集团相对独立法人公司在降低交易成本、缓解融资约束资源优化配置方面具有优势，但却因组织内部的双重代理问题等降低了运作效率。本书研究的话题主要关注企业集团如何影响上市公司决策及签订《金融服务协议》，其与企业集团构建内部资本市场和关联交易密切相关，出于研究需要，笔者在此对与内部资本市场和关联交易相关的文献做简要梳理。

2.4.1　企业集团内部资本市场相关文献回顾

自 20 世纪 80 年代起，内部资本市场开始成为国外学术界的一个新兴研究领域。早期学者 Alchian（1969）的研究主要发现内部资本市场相对于外部资本市场在节约交易成本上具有积极的作用，这来源于内部资本市场的信息和监督优势。随后，Williamson（1975）的文章提出，内部资本市场相对于外部资本市场的优势在于内部资本市场能够有效发挥内部的激励机制和监督作用，还可以节约信息的搜集成本和降低投融资的交易成本，另外还在税收方面有积极效应。

Gertner 等（1994）认为公司总部是资产等资源的直接所有者，同时拥有剩余索取权，因而有动机监督成员公司，使得集团内成员在资源配置与管理上更加有效。Stein（1997）从资源优势的角度出发，比较了内部资本市场与银行融资，发现集团总部利用信息优势，可以使用竞争性选择的方式将资源向最有投资潜力的部门配置（Winner-picking），从而提升整个企业集团的资源配置效率。新兴市场的研究也表明，内部资本市场能对不完善的外部资本市场进行有效替代，提升企业集团内公司的绩效（Fauver et al.，1998）。由于信息不对称，企业可能会因为外部融资约束而丧失投资机会（Myers and Majluf，1984），使企业价值受损。企业集团构建的内部资本市场可以通过内部资金的调节与融通（Williamson，1975），将资金从富余的公司向短缺的公司进行输送，提升公司价值。Stein（1997）进一步发现集团内公司存在相互调剂资金的现象，他们认为这种行为可以提高资金的使用效率。Khanna 和 Yafeh（2000，2007）认为集团内部资本市场可以发挥“活钱效应”，同时由于企业集团成员公司之间的相互担保，还能进一步提高融资能力。Cestone 和 Fumagalli（2005）则认为企业集团内部资本市场对财务资源调配有帮助，在应对不断升级的行业竞争中具有重要的战略意义。

然而，一些研究也发现，内部资本市场存在着黑暗面。Scharfstein 和 Stein（2000）构建的双层的代理模型全面刻画了企业集团内部的资本配置过程，他们指出子公司管理层的寻租行为会使总部高层管理人员扭曲资本配置，同时他们还发现企业集团内部的交叉补贴现象。Scharfstein（1998）的实证研究表明，相比独立公司，多元化公司的资金往往是从投资机会好的部门向投资机会不好的部门转移，导致内部资本市场的无效率，这与 Shin 和 Stulz（1998）及 Rajan 等（2000）发现的结果类似，原因在于企业集团内部的交叉补贴和“社会主义”。Wulf（2009）认为内部资本市场的资源配置效率依赖于企业总部对各分部或下级企业信息的充分掌握，然而在实际运作中，这一条件难以满足。在这种情形下，各分部或下级企业管理层为争夺资源，通过隐瞒真实信息，夸大项目盈利性等方式向总部进行寻租。另外，上级控股股东的“掏空”也会严重影响内部资本市场的配置效率。Fan 等（2008）发现在公司治理差的市场上，企业集团的内部资本市场更多是为控股股东侵占其他股东利益所服务的。Jiang 等（2010）发现大股东对上市公司资金占用的行为会显著负向影响上市公司业绩，侵害中小股东的利益。

国内学者对企业集团内部资本市场的研究也很多。从融资约束的角度看，邵军和刘志远（2006）认为企业集团总部的融资能力比单个成员公司的简单相加大，且资源能在集团内部进行有效配置。李焰等（2007）的研究也发现集团化能够增加企业融资能力，缓解融资难的困境，这与潘洪波和余名桂（2010）的结论一致。李增泉等（2008）发现企业集团控制层级越多，整体负债率也会越高，他们认为这是企业集团提高对外融资能力的表现。但是，我国资本市场存在股权集中的特点，上市公司往往会有实际控制人，因而大股东与中小股东之间的代理问题表现得尤为明显。刘峰等（2004）通过对五粮液集团的案例进行分析，发现我国上市公司大股东侵占中小股东利益的行为十分严重。邵军和刘志远（2007）也发现内部资本配置的无效率，他们认为最终控制人的战略需要才是内部资本配置的原则。辛清泉等（2007）研究发现企业集团可能具有两面性，一方面促进了经营效率的提高，另一方面却使得利益分配不均。他们同时还发现地方国有企业受地方政府的掏空表现出价值减损。另外，子公司管理层的寻租行为也可能是内部资本市场无效率的原因。陆正飞和张会丽（2010）的研究表明，子公司管理层对现金的寻租行为会减损现金持有价值，影响内部资本市场的现金配置效率。

2.4.2　企业集团内部关联交易的相关文献回顾

企业集团控制下的上市公司关联交易行为作为一种重要的经济现象，一直是学术界关注的焦点。学术界对企业集团与关联交易的作用主要持两派观点，一种是 Khanna 和 Palepu（1997，2000）提出的“效率促进”观（Efficiency Enhancing View）或“价值提升”观（Value Added View），另一种则是 Johnson 等（2000）提出的“掏空”观（Tunneling View）。

已有文献发现关联交易的效率促进作用主要有两方面：一方面，许多发展中国家的外部要素市场还处于极不发达的阶段，Khanna 和 Palepu（2000）指出集团内部的关联交易可以替代缺失的外部市场和机制，促进投资和经营活动等。另一方面，由于交易过程中的信息不对称问题导致的成本，也可以借助企业集团内部的关联交易降低。与此同时，由于第二层代理问题的存在，大股东有动机侵占中小股东的利益，因此企业集团及其内部交易也可能成为大股东掏空上市公司的方式（Johnson 等，2000；Cheung 等，2006）。尤其在新兴市场上还缺乏法律监管，投资者保护环境较差，大股东的掏空行为更加严重。

国内外现有针对关联交易的研究有很多。Bae 等（2002）对韩国企业集团的内部并购交易进行检验，结果发现并购公司的少数股东权益受损，而控股股东却从集团的被并购公司中得到了更多的利益，表明集团内并购交易也是控股股东侵占少数股东利益的方式。Bertrand 等（2002）也发现印度的企业集团内部也存在控股股东侵占中小投资者的问题。Chang（2003）对韩国的企业集团进行考察，发现控股股东会通过公司间交易将盈利公司的利润转移到其附属企业。Cheung 等（2006）首先甄别出更容易发生侵占的关联交易，检验关联交易与股票价值之间的关系，研究发现发生关联交易的上市公司宣告日前后的市场回报显著低于发生公平交易的其他公司。Baek 等（2006）发现隶属集团的公司向控股股东的定向增发也是控股股东的掏空行为之一。李增泉等（2004）研究发现企业集团可能通过日常的关联购销交易，拖欠上市公司资金。柳建华等（2008）发现上市公司与其控股股东之间的关联投资与企业绩效呈现负相关关系，这表明关联投资也是控股股东转移上市公司资源的一种渠道。

然而，Friedman 等（2003）构建的模型表明在某些条件下，大股东与上市公司之间的关联交易也有可能是大股东为了支持上市公司而向上市公司输送利益。他们认为，1997—1998 年所发生的亚洲金融危机就是控股股东支持上市公司的最好证据。Khanna 和 Palepu（2005）认为内部资源的有效转移和融合有助于提升企业集团内部各成员公司的风险管理能力。Gopalan 等（2007）基于印度的企业集团样本，发现企业集团会通过内部的资金转移达到支持上市公司的目的，如避免违约等。Cheung 等（2009）的研究表明中国市场上控股股东的掏空行为与支持行为并存，但总体来说控股股东更可能进行掏空。在中国资本市场上，上市公司面临各种证券监管规则，如连续亏损两年面临退市风险警示，最近 3 个会计年度加权平均净资产收益率平均不低于6%等，因此，为保证上市资源，控股股东也会在上市公司困境时提供必要的帮助。Jian 和 Wong（2010）的研究指出上市公司的控股股东会通过关联的销售活动为上市公司提供利润以满足证监会的规定，达到支持上市公司的目的。Peng 等（2011）利用中国资本市场上关联交易的数据，检验控股股东的行为。结果发现控股股东会基于上市公司的情况，选择采取“掏空”或“支持”的决策。例如在上市公司财务健康的情况下选择对上市公司掏空，而在上市公司面临财务困境时（退市风险或增发风险）利用自身资源支持上市公司。

2.5 小结

综合上述文献，我们发现无论是从企业集团内部资本市场的角度考虑还是从内部关联交易的角度考虑，都存在着两方面效应，一方面是企业集团带来的积极效应，如缓解外部信用约束、节约交易成本、发挥“活钱”效应，以及提高竞争力等；另一方面则是由于企业集团特有的双重代理问题导致的效率损失，如子公司管理层向母公司的寻租和大股东对中小股东利益的侵占等，表现为自由现金流的过度投资、企业集团内部的交叉补贴、大股东的资金占用等。然而，对于我国企业集团的特点及我国上市公司的公司治理机制如何缓解可能的代理问题等，上述文献的研究还未足够深入。同时，受数据的限制，以往研究无法直接测度内部资本市场有效性与大股东直接的资金占用，本书希望通过《金融服务协议》及关联存款余额的相关数据，对关联交易与大股东占款进行更为直接的测量，考察关联资金交易对上市公司的影响，同时通过利用关联存款衡量大股东占用资金行为，进一步了解分析第二类代理问题对上市公司的可能影响，以期为现有的研究文献提供补充信息。

第3章　企业集团、大股东监督与过度投资[①]

3.1 引言

企业集团（Business Group）作为一种重要且广泛存在的企业组织形态，对各国尤其新兴市场的经济发展起着重要的促进作用。我国资本市场上也存在着大量的企业集团，统计结果表明，截至2018年底，我国资本市场上隶属于企业集团[②]的上市公司比例接近70%左右，从而表明企业集团在我国资本市场和国民经济发展中扮演的举足轻重的角色。集团总部通过内部资本市场运作将内部资金在成员企业间进行统一调配，从而有效缓解来自外部资本市场的融资约束，是企业集团在新兴市场国家盛行的重要原因之一。然而，集团内部资金的调配机制能否确保成员企业对资金的使用效率？本章将对此问题做专门考察。

已有研究企业集团的相关文献发现，在外部市场不完备的条件下，集团公司内部市场可以替代缺失的外部市场，从而提高企业价值（Leff，1978；Khanna and Palepu，2000等）。Shin和Park（1999）还发现，由于企业集团成员之间的相互担保和支持，可以降低银行贷款的风险，因而隶属企业集团的公司会更易获得贷款。我国学者潘红波和余明桂（2010）对1999—2005年独立公司变为集团成员企业这一事件进行研究，发现集团化确实提高了公司获

① 原文发表于2014年第7期的《管理世界》（原文作者为窦欢、张会丽和陆正飞），这里有所改动。

② 本章的企业集团定义为：如果上市公司的母公司拥有除子公司之外的其他实体企业，则视为上市公司隶属于企业集团。

得银行贷款的额度和期限。上述文献的证据均表明，企业集团确实能为企业带来更多的资金支持。但是集团内部的资金使用效率究竟如何呢？对于该问题的回答将对规范新兴市场国家的集团建设与发展具有重要的现实和启发意义。尽管潘红波和余明桂（2010）考察了集团化的资金配置效率，发现在集团化后的第一年存在过度投资，但是他们对集团化如何引致过度投资的研究还尤显不足，也没有对更为长期的样本时间段进行考察。

本章采用 2003—2012 年所有 A 股上市公司（非金融类公司）作为研究样本，考察企业集团的存在是否会加重下属上市公司的过度投资程度。实证结果发现，相比独立的上市公司，隶属于企业集团的上市公司过度投资程度更加严重。鉴于以往文献指出构建企业集团能够放松集团内公司的融资约束（Greenwald，Stiglitz and Weiss，1984 等），我们还进一步对可能出现的外部融资约束如何影响上述关系进行了考察。结果发现，当可能面临外部融资约束时，相比独立的上市公司，隶属于企业集团的上市公司过度投资现象也会更加严重。以上结果的可能原因在于，由于企业集团内部资本市场的存在，隶属于企业集团的上市公司获得了更多的自由现金流，因而易于发生过度投资行为，而且过度投资程度也更为严重。另外，我们还考察了企业集团内部的公司治理能力能否抑制下属上市公司的过度投资行为。结果发现，控股股东对下属上市公司的监督能力越强，其对下属上市公司的过度投资行为的抑制作用越强。这可能是因为控股股东的监督抑制了管理者的代理行为，使得管理者不再盲目进行投资扩大规模，因而缓解了上市公司的过度投资。即企业集团的内部治理能够限制下属子公司的寻租行为，通过降低对下属上市公司的资金提供量，减弱其过度投资的程度。

本章的研究意义主要在于：第一，我们采用较长的样本期间，发现企业集团的支持会加重下属上市公司的过度投资程度，其可能的作用机制在于企业集团可使下属上市公司获得更多的自由现金流，这为企业集团如何影响上市公司的过度投资提供了新的证据。第二，我们还发现在上市公司可能面临外部融资约束的情况下，企业集团的内部资本市场能够帮助成员上市公司克服融资问题。这也为我们理解企业集团及内部资本市场的运作提供了更多的证据。第三，我们考察了以往文献没有涉及的企业集团内部治理作用。本章的研究结果发现企业集团母公司对上市公司的监督力度越强，越能抑制下属上市公司的过度投资程度。这不仅为了解企业集团的内部治理能否有效限制下属子公司的寻租行为提供了证据，也为企业集团与其下属上市公司之间的交互关系提供了新的视角，补充了关于企业集团内部治理问题的文献。第四，我们的研究进一步丰富了过度投资的相关文献，以往的文献往往从独立公司角度出发去研究过度投资问题，鲜有文献对隶属于企业集团的成员企业进行考察，我们正是从这个角度对已有的与过度投资相关的文献进行了补充。

3.2 理论分析与文献回顾

在有效的资本市场上，拥有净现金流为正的投资项目的公司应该能够成功从外部市场上筹集到资金。然而，Stiglitz 和 Weiss（1981），Myers 和 Majluf（1984），以及 Greenwald，Stiglitz 和 Weiss（1984）等文献指出，公司与资金提供者之间的信息不对称问题导致资本市场存在摩擦，外部资金与内部资金相比往往成本更高，从而导致公司的融资约束问题。如果此时存在企业集团，即在各个子公司之间存在内部资本市场，则可借助企业集团内部的资金调配，从而无须向外界筹资，相应融资约束的情况就能得到缓解。因此，内部资本市场是否有效成为理论界和实务界共同关注的问题。

其中，以 William（1975）为代表的学者认为，资金紧缺的公司可以通过构建内部资本市场将紧缺的资源在公司内部进行分配。由于公司总经理拥有关于下属成员公司更多的信息，他可以做出正确的决策，即把资金分配给投资机会很好的项目。Gertner 等（1994）试图通过构建模型来识别在哪种情况下，公司能通过内部资本市场进行更有效的投资决策。Stein（1997）认为在企业集团内部，集团总经理会通过“挑选赢家”的方式将资金分配给投资机会好的子公司，而存在融资约束的独立公司则不能获得资金去进行投资。以上文献均认为内部资本市场可以减轻外部投资者与公司之间的信息不对称问题，选择集团内部有价值的项目进行投资，增强投资效率。尤其当公司从外部资本市场获取资金的成本越高时，内部资本市场存在的价值就越大。因此，关于内部资本市场的研究需要基于公司获取外部资金的成本，即外部资本市场的发达程度。Fauver 等（1998）对 35 个国家的公司进行调查，发现处于不发达市场的公司，多元化折价更小。Khanna 和 Palepu（1999a, b）也发现不发达资本市场上的公司多元化价值更大，因为完善的外部资本市场会削弱内部资本市场解决市场摩擦的功能。La porta 等（1998）指出在新兴经济国家，由于投资者保护力度不足，金融中介机构的缺乏，往往导致企业不能从银行获得贷款，或是从资本市场上进行权益融资，企业因此面临严重的融资约束问题。在这种情况下，构建企业集团以形成有效的内部资本市场对集团的成员企业是十分有利的。

然而，近来更多的实证研究证据表明内部资本市场是无效率的。Jensen（1986，1990）的研究中指出，由于内部资金支持的项目不受外部市场的监管，可能因为内部管理层的代理问题导致低利润或高风险。Scharfstein（1998）对 165 个多元化公司的调查发现，相比独立公司，多元化企业在投资机会不好（Q 值小）的行业进行更多的投资，而在投资机会好（Q 值大）的行业投资不足。进一步研究发现，当高层管理人员持有的股权越小时，集团的内部资本市场无效的可能性越大。这与 Scharfstein 和 Stein（2000）的研究一致。Scharfstein 和 Stein（2000）构建的双层代理模型全面地刻画了企业内部资本配置的过程，指出企业内部（分部）管理者的寻租行为会迫使企业（总部）CEO 扭曲资本配置，导致企业集团的内部资本市场无效。同时，他们的研究还发现了企业集团内部的“社会主义”行为。如 Shin 和 Stulz（1998）的研究指出企业集团的各分公司之间存在无效的相互补贴现象，即现金流从投资机会好的分公司流到投资机会不好的分公司。Rajan，Servaes 和 Zingales（2000）也提供了类似的证据。Shin 和 Park（1999）则认为韩国财团的内部资本市场实际上是效率低下的（为缺少投资机会的集团企业提供了过多的资金）。Gopalan 等（2007）检验了印度的企业集团，发现企业集团通过内部的资金转移，支持业绩差的成员公司，以避免违约问题出现。但是，Duchin 和 Sosyura（2013）发现子公司经理与高层管理者的社会联系可帮助子公司获得更多的资金，内部资本市场的资金配置效率则依赖于公司间的信息环境和公司治理水平。

国内学者的研究大多认为我国企业集团的内部资本市场是无效率的，并且存在企业集团的大股东利用其控制权掏空上市公司的行为（刘峰等，2004；万良勇和魏明海，2006；辛清泉等，2007；Fan et al.，2008 等）。刘峰等（2004）借用五粮液集团的案例，分析并论证了我国资本市场上大股东通过利益输送侵害中小股东利益行为的现象。研究了控股股东的掏空效应，并且分析了控股股东属性对其掏空的影响。Fan 等（2008）的研究均表明，原本旨在为提高资本配置效率而存在的企业集团内部资本市场，部分地被异化为向控股股东进行利益输送的渠道。邵军和刘志远（2007）运用案例分析法，对鸿仪系内部资本市场的效率进行了深入考察，发现内部资本配置的无效率，他们还发现，在企业集团的内部资本配置过程中，效率的原则服从于最终控制人的“战略”需要。潘红波和余明桂（2010）虽然发现集团化对成员企业取得贷款有正向影响，但是在内部资金配置上却存在过度投资倾向。然而最近的一些研究表明企业集团化经营构建的内部资本市场是积极的。黄俊和陈信元（2011）发现集团化经营对企业的研发投资有积极影响，并可使成员企业受惠于技术进步，同时内部资本市场的构建能够使企业集团的研发投资与成员企业的现金流相关。王峰娟和粟立钟（2013）对 H 股多分部上市公司的内部资本市场效率进行了直接测度，发现企业集团能够通过构建内部资本市场持续有效地配置资源。

鉴于已有文献对企业集团及其内部资本市场效率与功能的探讨缺乏定论，本章将从集团下属企业的投资效率角度对内部资本市场资金配置的效率问题提供补充证据。

3.3 研究假说

企业集团作为广泛存在于我国的重要组织形式（郑国坚和魏明海，2007），在我国的资本市场乃至经济发展中都发挥着举足轻重的作用。20 世纪 80 年代开始，政府对于企业集团化经营的要求为我国企业集团的蓬勃发展提供了较强的推动力。截至目前，我国的企业集团无论从数量上，还是规模上都具有极其重要的影响力。因而，对企业集团进行研究也显得尤为重要。我国还处于经济转型期，资本市场的不完备使得公司在融资时面临相当的困难。

已有的关于企业集团的研究发现，企业集团可以利用内部资本市场取代外部金融市场，放松融资约束（Deloof，1998 等），扩大融资能力①。综合而言，已有研究大多表明企业集团的内部资本市场能够提升企业整体的融资能力，然而鲜有文献针对内部资本市场的资金配置效率进行大样本实证检验。

基于 Jensen（1986）提出的自由现金流理论，当管理层掌握了较多的闲置资金时，他们会倾向于以牺牲股东的利益为代价增加自身利益，如使用自由现金流量来进行符合其自身最大利益的负 NPV 项目，从控制更多资产中获得私人利益等。Opler 等（1999）也指出，尽管面临较差的投资项目，拥有超额现金的公司还是倾向于进行更多投资，进行更多并购。Richardson（2006）对自由现金流的研究发现，拥有正的自由现金流的公司往往容易出现过度投资。而且，自由现金流主要以金融资产的形式留存于公司，并没有证据表明公司将这些资金向外部的债权人和股东进行分配。因此，这部分资金的投资效率直接影响到股东价值。在企业集团中，由于集团总部 CEO 无法观测到成员企业的真实经营状况，可能会导致集团内部的代理问题，这种代理问题的存在可能会加剧子公司的过度投资行为。Shin 和 Stulz（1998），Shin 和 Park（1999）的文献均指出企业集团中存在成员企业之间无效的相互补贴现象，导致现金流从好企业流向差企业，最终为缺乏好投资机会的公司提供更多的资金，导致过度投资。因而我们认为隶属于企业集团的下属上市公司能够通过在集团内部的寻租行为获得更为充裕的自由现金流，相对于独立公司而言过度投资程度会更加严重。进一步地，以往文献认为，构建企业集团可以放松集团内部公司的融资约束（Deloof，1998 等）。企业集团可以通过扩大规模，利用集团内部资金融通等方式对其下属上市公司进行支持，主要表现为扩大上市公司的融资能力，提供资金支持上市公司进行投资决策等。因此，外部融资环境对企业集团的作用发挥有着十分重要的影响。当隶属于企业集团的上市公司可能面临来自外部资本市场的融资约束时，集团总部不仅可以通过担保使成员上市公司从外部资本市场得到资金，也可能利用内部资本融通使

① 如集团内部的成员公司之间进行互相的关联担保（潘红波和余明桂，2010 等），以便从外部获得更多的资金。

成员上市公司从内部获得资金。因而在同样面临外部融资约束的可能性下，隶属于企业集团的上市公司能比独立公司更易获得现金流，过度投资的程度也会更加严重。因此提出假说 H1a 和假说 H1b。

H1a：相比独立公司，隶属于企业集团的上市公司的过度投资程度会更加严重。

H1b：当上市公司可能面临外部融资约束时，相比独立公司，隶属于企业集团的上市公司的过度投资程度会更加严重。

经济学中一般利用激励和监督管理者的手段来促使管理者从事提高股东利益的行为。我们试图从监督方面来检验股东对管理者的有效监督是否能削弱股东和管理者之间的代理问题，拟考察集团内部的公司治理—控股股东的监督—是否能够削弱集团内部代理问题的影响。一般而言，控股股东会委派人员进驻上市公司的董事会，实施其控制或监督的职能。当控股股东委派的人员越多，那么相应地其委派人员了解的上市公司真实经营情况也就越多，在投资决策时也能发表更多的意见或建议，或在董事会对投资决策举手表决时行使自身权利，这样大股东对上市公司的监督能力也就越强。如果控股股东的监督力度越强，上市公司受控股股东的影响就越大，上市公司管理层的自主权也就越小。此时，由于控股股东的监督程度较高，管理者背离股东利益的代理问题就会得到缓解，如管理者盲目进行投资扩大规模的“帝国构建”（Empire Building）行为，即进行过度投资的可能性也就越小。基于此，我们认为在隶属于企业集团的上市公司中，控股股东对上市公司管理者的监督力越强，上市公司的过度投资程度越低。

H2：在隶属于企业集团的上市公司子样本中，控股股东的监督力越强，其控制的上市公司过度投资程度越低。

3.4 研究设计与样本选择

3.4.1 研究设计

（1）被解释变量——过度投资指标的估计。

参考研究过度投资的同类文献（Biddle 等，2009；Chen 等，2010；李万福等，2011），本章使用如下模型估计企业正常的投资水平。模型如下所示：

$$Inv_{i,t} = \alpha_0 + \beta Growth_{i,t-1} + \varepsilon_{i,t} \tag{3-1}$$

其中，因变量 $Inv_{i,t}$ 表示公司 i 第 t 年的实际新增投资支出；自变量为代表公司成长性（Growth）的变量。以上变量的具体计算与定义可详见表 3-1。通过分年度和分行业的回归估计得到企业投资水平的估计值，即为企业的正常投资水平，由此得到的残差大小即代表企业的过度投资程度。由于我们的研究重点关注的是企业集团的存在对上市公司过度投资程度的影响，因而我们对研究中的过度投资变量定义为：按照残差正负号分组，选择残差大于 0 的观测值作为样本，以残差大小衡量过度投资水平（Overinv），并只对过度投资组进行专门考察，这与辛清泉等（2007）、钟海燕等（2010）对过度投资的定义相一致。

（2）解释变量。

企业集团指标的定义：与辛清泉等（2007）的定义一致[①]，如果上市公司的母公司拥有除子公司之外的其他经济业务实体，则定义为企业集团（*Group*=1）；如果第一大股东为各级国资委、国有资产经营公司、财政局或者其他政府机构，或者其他自身不从事任何实业经营、只从事投资控股业务的公司或个人，则认为上市公司是独立企业，赋值为 0（*Group*=0）。

自由现金流指标的定义：参考 Richardson（2006）、辛清泉等（2007）的定义，本章将经营活动现金流净值减去正常投资水平后除以总资产定义为自由现金流（*Fcf*）。

持股比例指标的定义：通过计算隶属于企业集团的子样本中控股股东股份比例的年度行业平均值，本章中我们将大于均值的组别定义为高持股比例组（*Share*=1），否则定义为低持股比例组（*Share*=0）。

大股东监督力指标的定义：我们将上市公司中在控股股东公司兼职并领薪的董事、监事、高管视为控股股东派遣到上市公司的人员。原因在于以上

---

① 此处之所以采纳已有文献的做法，主要受数据可得性的客观条件限制。由于我们在数据搜集过程中，无法得到企业集团母公司注册资本的相关数据，因此没有按照工商管理总局的界定去定义企业集团。我们目前的做法可能对企业集团对上市公司过度投资的支持作用造成一定的低估。若按照工商管理总局界定选择样本，可能使得我们的结论变得更强。

人员在上市公司担任要职，并且由于薪酬来自控股股东公司，与上市公司之间的利益关系较小，能够更加客观地对上市公司进行有效监督。因此我们首先计算在控股股东公司兼职并领薪的董事、监事、高管人数占上市公司董事、监事、高管总人数的比例，然后在企业集团子样本中按照中位数进行分组，大于中位数的组别定义为大股东监督力强组（*Control*=1），否则定义为大股东监督力弱组（*Control*=0）。

外部融资约束指标的定义：我们参考 Hadlock 和 Pierce（2010）的文献计算得到上市公司可能面临的外部融资约束指标①，然而按照该指标的中位数进行分组，大于中位数的组别定义为可能面临外部融资约束组（*Fc*=1），否则定义无融资约束组（*Fc*=0）。

（3）研究模型。

1）假说 H1 的检验模型。

为了检验企业集团的存在对其下属上市公司中自由现金流过度投资的影响，借鉴研究过度投资的同类文献（Richardson，2006；杨华军和胡奕明，2007），设定的研究模型（3-2）如下：

$$\begin{aligned}Overinv_{i,\ t} = \alpha_0 &+ \delta_1 Group_{i,\ t} + \delta_2 Group_{i,\ t} \times Fcf_{i,\ t-1} + \delta_3 Fcf_{i,\ t-1} + \beta_1 Roa_{i,\ t} \\ &+ \beta_2 Exp_{i,\ t} + \beta_3 Tunnel_{i,\ t} + \beta_4 Salaty_{i,\ t} + \beta_5 Mino_{i,\ t} \\ &+ \sum yeardummy + \sum industrydummy + \varepsilon_{i,\ t}\end{aligned} \tag{3-2}$$

其中，因变量 $Overinv_{i,\ t}$ 表示公司 i 第 t 年的过度投资；自变量为集团哑变量（*Group*）、自由现金流（*Fcf*）及两者的交互项（*Group*×*Fcf*）。参考辛清泉等（2007）、张会丽和陆正飞（2012），选择公司回报率（*Roa*）、管理费用率（*Exp*）、大股东占款比例（*Tunnel*）、高管薪酬（*Salary*）及少数股东权益（*Mino*）等控制变量。以上变量的具体计算与定义详见表 3-1。

① 我们参考 Hadlock 和 Pierce（2010）构建外部融资约束指标，计算方式为 FCscore=（-0.737×Size1）+（0.043×Size2）+（0.040×Age），该指标是基于上市公司特征所预测的外部融资约束水平。由于外部融资约束指标实际是一个预测值，亦即该指标反映的其实是上市公司面临的外部融资约束可能性。我们之所以采用该指标的原因在于，本章的目的是希望在两类上市公司均面临可能的外部融资约束情况下，通过对比内外部资本市场的资金配置效率，对企业集团的内部资本市场有效性进行进一步检验。

2）假说 H2 的检验模型。

为检验企业集团内部治理的作用，我们进一步考察在企业集团背景下，大股东监督力强弱对上市公司过度投资问题的影响，借鉴有关文献，设定如下的模型（3-3）：

$$Overinv_{i,t} = \alpha_0 + \delta_1 Gontrol_{i,t} + \delta_2 Gontrol_{i,t} \times Fcf_{i,t-1} + \delta_3 Fcf_{i,t-1} + \beta_1 Roa_{i,t} + \beta_2 Exp_{i,t} + \beta_3 Tunnel_{i,t} + \beta_4 Salaty_{i,t} + \beta_5 Mino_{i,t} + \sum yeardummy + \sum industrydummy + \varepsilon_{i,t} \quad (3-3)$$

其中，因变量 $Overinv_{i,t}$ 表示公司 i 第 t 年的过度投资；自变量为大股东监督力哑变量（*Control*）、自由现金流（*Fcf*）。控制变量为公司回报率（*Roa*）、管理费用率（*Exp*）、大股东占款比例（*Tunnel*）、高管薪酬（*Salary*）及少数股东权益（*Mino*）。以上变量的具体计算和定义详见表 3-1。

表 3-1　相关变量定义

变量类型	变量名称	含义	计算方式
被解释变量	*Inv*	投资水平	（构建固定资产、无形资产和其他长期资产支付的现金-处置固定资产、无形资产和其他长期资产收回的现金净额）/总资产
	Overinv	过度投资水平	选择残差大于 0 的样本组，以正的残差大小衡量过度投资水平
解释变量	*Group*	集团哑变量	按照控股股东是否有集团属性①来分组，有集团属性赋值为 1，否则为 0
	Fcf	自由现金流	（经营性现金净流量-正常投资水平）/总资产
	Share	控股股东股份比例	计算隶属于企业集团的子样本中控股股东股份比例的年度行业平均值，大于均值的组别为高持股比例组，定义为 1，否则为低持股比例组，定义为 0
	Control	大股东监督力	首先计算在控股股东公司兼职并领薪的董事、监事、高管人数占上市公司董事、监事、高管总人数的比例，然后在企业集团子样本中按照中位数进行分组，大股东监督力强的组别定义为 1，否则定义为 0

① 集团属性参见企业集团指标定义。

续表

变量类型	变量名称	含义	计算方式
解释变量	*Fc*	外部融资约束	参考 Hadlock 和 Pierce（2010）的文献计算得到上市公司面临外部融资约束的预测指标，然而按照该指标的中位数进行分组，大于中位数的组别为可能面临外部融资约束组，定义为 1，否则为无融资约束组，定义为 0
控制变量	*Size*	资产规模	总资产的自然对数
	Level	杠杆水平	总负债/总资产
	Growth	成长性	销售收入增长率
	Ret	市场回报	第 t 年 5 月至第 $t+1$ 年 4 月的累积回报率
	Age	上市年限	财务报告年度与 IPO 年度之间的年限
	Cash	现金持有水平	（现金+短期投资或交易性金融资产）/总资产
	Roa	资产回报率	净利润/总资产
	Tunnel	大股东占款比例	其他应收款/总资产
	Exp	管理费用率	管理费用/总资产
	Mino	少数股东权益	少数股东权益/所有者权益

3.4.2 样本选取

本章选取我国资本市场上 2003—2012 年所有 A 股上市公司作为研究样本。主要的企业集团数据是由作者手工搜集得到①，其他财务数据、股东情况数据、治理情况数据等则分别来源于 Wind 数据库和 CSMAR 数据库。

我们还对研究样本进行了如下处理：首先，按照以往研究文献惯例，剔除了金融类上市公司；其次，由于 IPO 当年的数据不可比，剔除了 IPO 当年的观测；最后，由于相关变量的缺失和一些异常值问题（如总资产≤0，净资

① 企业集团数据的收集方式为利用 CSMAR 数据库中上市公司实际控制人文件，对上市公司的控股股东和实际控制人进行手工检索，查看控股股东和实际控制人是否存在除上市公司以外的其他经济实体。我们也对 CSMAR 数据库提供的数据进行了部分抽查与核对。与（辛清泉等，2007）的定义一致，如果第一大股东为各级国资委、国有资产经营公司、财政局或者其他政府机构，或者其他自身不从事任何实业经营、只从事投资控股业务的公司或个人，则认为上市公司是独立企业。如果定义为企业集团，赋值为 1，若为独立企业，赋值为 0。

产≤0 等），我们也对这些样本进行了删除。之后，我们得到 5120 个回归样本。另外，由于一些离散值的可能影响，本章在回归中对所有连续变量进行了 1%~99% winsorize 处理。本章的统计回归分析均使用 SAS 9.3 和 STATA 11.0 软件进行数据的分析和处理。

3.5 实证结果与分析

3.5.1 描述性统计与实证回归结果

表 3-2 的描述性统计结果显示，我国存在显著的过度投资问题（指标 *Overinv* 的均值为 0.051，中位数为 0.036）。指标 *Group* 的结果显示，我国上市公司中隶属于企业集团的样本占总样本的 70.5%，这说明我国的资本市场上隶属于企业集团的上市公司比例非常高，进一步体现了本研究的必要性。其余控制变量的描述性统计结果与以往的研究文献基本一致。

表 3-2 主要变量描述性统计

变量	N	均值	中位数	标准偏差	最小值	最大值
Overinv	5120	0.051	0.036	0.048	0.000	0.258
Group	5120	0.705	1	0.456	0	1
Size	5120	21.810	21.650	1.167	19.220	25.880
Level	5120	0.483	0.498	0.181	0.048	0.941
Cash	5120	0.160	0.133	0.109	0.004	0.668
Ret	5120	0.242	-0.020	0.866	-0.753	7.487
Growth	5120	0.246	0.173	0.491	-0.719	5.603
Age	5120	9.019	9	4.496	3	23
Fcf	5120	0.009	0.006	0.073	-0.265	0.297
Roa	5120	0.043	0.038	0.050	-0.202	0.226
Exp	5120	0.087	0.070	0.071	0.004	0.680
Tunnel	5120	0.023	0.010	0.038	0.000	0.435
Salary	5120	13.640	13.670	0.831	10.780	16.000
Mino	5120	0.082	0.045	0.099	-0.006	0.544

表 3-3 的结果显示，企业集团指标（*Group*）与过度投资指标（*Overinv*）之间呈现负相关关系，但并不显著。而自由现金流指标（*Fcf*）与过度投资指标（*Overinv*）和企业集团指标（*Group*）之间则分别呈现出十分显著的正相关关系。以上结果表明，企业集团并不是直接对过度投资程度产生影响，而更可能是通过向上市公司提供自由现金流，导致上市公司出现更为严重的过度投资。

表 3-3　主要变量的相关性检验

变量	*Overinv*	*Group*	*Fcf*	*Roa*	*Salary*	*Adm*	*Tunnel*	*Mino*
Overinv	1							
Group	-0. 0196	1						
Fcf	0. 0499 ***	0. 0797 ***	1					
Roa	0. 0586 ***	0. 0028	0. 3545 ***	1				
Salary	-0. 0039	-0. 009	0. 1127 ***	0. 2822 ***	1			
Adm	-0. 0224	-0. 1459 ***	-0. 0552 ***	-0. 2123 ***	-0. 0605 ***	1		
Tunnel	-0. 1073 ***	-0. 0489 ***	-0. 0848 ***	-0. 2724 ***	-0. 2033 ***	0. 2761 ***	1	
Mino	0. 0106	0. 1200 ***	-0. 0139	-0. 0972 ***	0. 0324 **	-0. 0535 ***	0. 0601 ***	1

注：***、**、* 分别表示变量在 1%、5%、10%的水平上显著。

表 3-4 的回归是对企业集团支持与上市公司过度投资之间关系的检验结果。Panel A 的第（1）栏中自由现金流指标（*Fcf*）的系数为 0. 057，且在 1%的水平上显著，说明自由现金流与过度投资之间存在显著的正相关关系，与 Jensen 和 Meckling（1986），Richardson（2006）等文献的结果是一致的，即自由现金流越多，公司的过度投资越严重。在第（2）栏中，*Group*×*Fcf* 的系数为 0. 041，且在 5%的水平上显著，这说明企业集团的存在为上市公司提供了更多的自由现金流，加重了上市公司的过度投资程度，为假说 H1 提供了实证证据。我们进一步将控股股东对上市公司的控股比例进行了划分，分别对高持股比例和低持股比例进行检验。Panel A 中第（3）栏和第（4）栏的结果显示，*Group*×*Fcf* 的系数分别为 0. 040 和 0. 042，均在 10%的水平上显著，说明无论是高持股比例还是低持股比例，企业集团的存在都会加重其下属上市公司的过度投资程度，进一步验证了我们提出的假说 H1a。

表 3-4　集团支持是否会导致上市公司的过度投资

Panel A　因变量：*Overinv*				
变量	(1)	(2)	(3)	(4)
	All	*All*	*Share*=1	*Share*=0
Fcf	0.057***	0.021	0.013	0.023
	(6.04)	(1.24)	(0.72)	(1.34)
Group		−0.005***	−0.007***	−0.004**
		(−3.52)	(−3.89)	(−2.45)
Group * *Fcf*		0.041**	0.040*	0.042*
		(2.09)	(1.78)	(1.83)
Roa		0.022	0.021	0.023
		(1.36)	(1.03)	(1.16)
Salary		−0.001	−0.001	0.000
		(−1.09)	(−1.06)	(0.23)
Tunnel		−0.119***	−0.180***	−0.102***
		(−5.94)	(−6.58)	(−4.34)
Exp		0.018*	0.020	0.014
		(1.68)	(1.42)	(1.14)
Mino		0.014**	0.018*	0.002
		(1.96)	(1.86)	(0.20)
Constant	0.046***	0.065***	0.072***	0.046***
	(8.93)	(4.95)	(4.43)	(2.81)
年度	控制	控制	控制	控制
行业	控制	控制	控制	控制
Observations	5120	5120	3307	3321
Adjusted R-squared	4.36%	5.31%	5.78%	4.59%

Panel B　因变量：*Overinv*			
变量	(1)	(2)	(3)
	All	*Share*=1	*Share*=0
Fcf	−0.004	−0.023	0.006
	(−0.14)	(−0.76)	(0.18)
Group	−0.009***	−0.010***	−0.008**
	(−3.39)	(−3.43)	(−2.57)

续表

Panel B　因变量：*Overinv*			
变量	(1)	(2)	(3)
	All	*Share*=1	*Share*=0
Group＊*Fcf*	0.096***	0.103***	0.101***
	(3.00)	(2.92)	(2.62)
Roa	-0.019	-0.012	-0.036
	(-0.79)	(-0.39)	(-1.09)
Salary	0.001	-0.000	0.002
	(1.02)	(-0.21)	(1.19)
Tunnel	-0.192***	-0.222***	-0.174***
	(-5.33)	(-4.81)	(-3.61)
Exp	0.013	0.013	0.010
	(0.71)	(0.57)	(0.42)
Mino	0.022**	0.030**	-0.001
	(2.22)	(2.25)	(-0.091)
Constant	0.037*	0.059**	0.030
	(1.92)	(2.45)	(1.13)
年度	控制	控制	控制
行业	控制	控制	控制
Observations	2184	1419	1191
Adjusted R-squared	7.70%	6.89%	8.46%

注：***、**、* 分别表示变量在1%、5%、10%的水平上显著。括号中的数值为 *t* 值。

表3-4中Panel B的结果考察的是当上市公司面临融资约束时，相比独立公司，企业集团对成员上市公司过度投资的影响。第（1）栏显示 *Group×Fcf* 的系数为0.096，且在1%的水平上显著。这个结果说明，当上市公司可能面临外部融资约束时，隶属于企业集团的上市公司比独立公司的过度投资程度更为严重。可能的原因在于集团内部的资金调配和担保放松了成员企业的融资约束可能性，隶属于企业集团的上市公司能比独立公司获得更多的资金，过度投资程度更为严重。第（2）栏和第（3）栏的结果显示，*Group×Fcf* 的系数分别为0.103和0.101，均在1%的水平上显著，这表明在上市公司可能面

临外部融资约束时，无论控股股东控股比例是高还是低，企业集团的存在都会加重上市公司的过度投资程度。这些结果均支持我们的假说 H1b。

表 3-5 的回归是针对隶属于企业集团的上市公司样本考察控股股东监督力强弱对下属上市公司过度投资程度的影响。第（1）栏中 *Control*×*Fcf* 的系数为-0.041，且在 10%的水平上显著，说明控股股东的控制力越强，其越有动机监督管理者的行为，尤其是管理者为自身利益而做出的过度投资决策。上述结论支持了假说 H2。第（2）栏中 *Control*×*Fcf* 的系数为 0.004，但并不显著。这可能是由于控股股东持有更高的上市公司股权，已经拥有相应的控制力，此时大股东派遣董事、监事或高管的人数对于监督管理层的作用已不大。事实上，在控股股东绝对控制上市公司时，上市公司在制定投资决策时，往往需要先将申请提交控股股东审批，然后经过董事会审议。如此看来，控股股东的作用在审批环节就已经实现，无须派遣董事高管左右董事会决策。第（3）栏中 *Control*×*Fcf* 的系数为-0.086，且在 1%的水平上显著，表明控股股东监督力越强，越能抑制上市公司的过度投资。同时也说明了当控股股东对上市公司控制力不够时，可以通过派遣董事、监事或高管来达到监督上市公司的目的，进一步支持了假说 H2。第（4）栏考察的是，当隶属于企业集团的上市公司面临融资约束时，控股股东监督力对过度投资程度的影响。结果显示，*Control*×*Fcf* 的系数为-0.069，并在 5%的水平上显著。这表明在上市公司可能面临外部融资约束的情况下，控股股东的监督仍能继续缓解上市公司出现的过度投资。以上结果进一步支持了假说 H2。

表 3-5　大股东监督、集团支持与过度投资

变量	因变量：*Overinv*			
	(1)	(2)	(3)	(4)
	All	*Share*=1	*Share*=0	*Fc*=1
Control	-0.003*	-0.005**	-0.002	-0.005**
	(-1.91)	(-2.19)	(-0.86)	(-2.06)
Fcf	0.085***	0.050**	0.108***	0.124***
	(5.45)	(2.15)	(5.11)	(5.44)

续表

变量	因变量：*Overinv*			
	（1）	（2）	（3）	（4）
	All	*Share*=1	*Share*=0	*Fc*=1
Control×Fcf	-0.041*	0.004	-0.086***	-0.069**
	(-1.91)	(0.14)	(-2.70)	(-2.27)
Roa	0.022	0.021	0.029	-0.007
	(1.12)	(0.71)	(1.06)	(-0.25)
Salary	-0.002*	-0.003*	-0.000	0.002
	(-1.70)	(-1.96)	(-0.28)	(1.49)
Tunnel	-0.086***	-0.160***	-0.040	-0.174***
	(-3.58)	(-3.77)	(-1.33)	(-4.29)
Exp	0.017	0.019	0.013	0.022
	(1.26)	(0.79)	(0.77)	(0.96)
Mino	0.022***	0.041***	0.011	0.035***
	(2.90)	(3.39)	(1.06)	(3.37)
Constant	0.068***	0.089***	0.046**	0.011
	(4.35)	(3.97)	(2.04)	(0.51)
年度	控制	控制	控制	控制
行业	控制	控制	控制	控制
Observations	3612	1799	1813	1758
Adjusted R-squared	6.19%	7.38%	5.89%	8.59%

注：***、**、*分别表示变量在1%、5%、10%的水平上显著。括号中的数值为 t 值。

3.5.2 稳健性检验

为保证上述回归的实证结果可靠性，我们还进行了多重稳健性测试。

首先，为了保证我们的研究结果不受过度投资水平估计方法的影响，我们借鉴 Richardson（2006）的模型估计企业正常的投资水平。模型（3-4）如下所示：

$$Inv_{i,t} = \alpha_0 + \beta_1 Asset_{i,t-1} + \beta_2 Lev_{i,t-1} + \beta_3 Growth_{i,t-1} + \beta_4 \mathrm{Ret}_{i,t-1} + \beta_5 Age_{i,t-1} + \beta_6 Cash_{i,t-1} + \beta_7 Inv_{i,t-1} + \sum yeardummy + \sum industrydummy + \varepsilon_{i,t} \tag{3-4}$$

依据上述模型对数据进行回归，得到的残差为过度投资水平的估计，将过度投资水平大于 0 的组定义为过度投资组，重复进行上文的回归分析。表 3-6的结果显示，使用不同的过度投资估计指标不影响我们的主要结论，进一步证明了我们结果的可靠。

表 3-6 稳健性检验（1）

变量	因变量：*Overinv*				
	(1) *All*	(2) *All*	(3) *Fc*=1	(4) *All*	(5) *Fc*=1
Fcf	0.050***	0.027	0.003	0.039***	0.063***
	(3.70)	(1.44)	(0.19)	(2.71)	(3.60)
Group		−0.004***	−0.005**		
		(−2.89)	(−2.03)		
Group×*Fcf*		0.024*	0.056***		
		(1.81)	(3.15)		
Control				−0.001	−0.001
				(−0.36)	(−0.43)
Control×*Fcf*				−0.028*	−0.053***
				(−1.69)	(−2.91)
Roa		0.048***	0.023	0.058***	0.044**
		(4.06)	(1.09)	(5.74)	(2.15)
Salary		−0.004***	−0.001	−0.004***	−0.001
		(−4.46)	(−0.73)	(−4.05)	(−0.98)
Tunnel		−0.049**	−0.075***	−0.046	−0.078***
		(−2.31)	(−2.59)	(−1.46)	(−3.06)
Exp		0.010	0.019	0.012	0.027
		(1.30)	(1.14)	(1.16)	(1.23)
Mino		0.001	0.003	0.008	0.012
		(0.16)	(0.27)	(0.86)	(0.96)

续表

变量	因变量：*Overinv*				
	(1)	(2)	(3)	(4)	(5)
	All	***All***	***Fc*=1**	***All***	***Fc*=1**
Constant	0.037***	0.027	0.003	0.039***	0.063***
	(11.5)	(1.44)	(0.19)	(2.71)	(3.60)
年度	控制	控制	控制	控制	控制
行业	控制	控制	控制	控制	控制
Observations	5291	5291	2317	3752	1838
Adjusted R-squared	5.57%	6.38%	7.65%	7.20%	8.80%

注：***、**、* 分别表示变量在 1%、5%、10%的水平上显著。括号中的数值为 *t* 值。

其次，为保证我们的结果不受企业集团定义的影响，我们还更改了企业集团的定义，对我们的研究问题进行了检验。一般文献认为，如果母公司对子公司的控股比例达到 20%以上时，控股母公司比较容易对其下属子公司实施有效的控制。因此，我们采用在满足前文所述的企业集团定义基础上，还需控股股东股份比例大于 20%，才定义为企业集团。

表 3-7　稳健性检验（2）

变量	因变量：*Overinv*				
	(1)	(2)	(3)	(4)	(5)
	All	***All***	***Fc*=1**	***All***	***Fc*=1**
Fcf	0.057***	0.019	-0.004	0.070***	0.124***
	(6.04)	(1.14)	(-0.13)	(4.23)	(5.14)
Group		-0.006***	-0.009***		
		(-3.61)	(-3.65)		
Group×Fcf		0.035*	0.094***		
		(1.77)	(2.91)		
Control				-0.004**	-0.005**
				(-2.05)	(-2.06)

续表

变量	因变量：*Overinv*				
	(1)	(2)	(3)	(4)	(5)
	All	*All*	*Fc*=1	*All*	*Fc*=1
Control×Fcf				-0.023	-0.068**
				(-1.04)	(-2.17)
Roa		0.028*	-0.016	0.030	-0.003
		(1.66)	(-0.64)	(1.44)	(-0.11)
Salary		-0.001	0.001	-0.003**	0.002
		(-1.36)	(0.66)	(-2.12)	(1.14)
Tunnel		-0.118***	-0.184***	-0.077***	-0.157***
		(-5.65)	(-4.87)	(-3.06)	(-3.63)
Exp		0.017	0.014	0.015	0.021
		(1.49)	(0.73)	(1.00)	(0.88)
Mino		0.015**	0.023**	0.027***	0.038***
		(2.13)	(2.25)	(3.23)	(3.48)
Constant	0.046***	0.071***	0.048**	0.079***	0.024
	(8.93)	(5.21)	(2.38)	(4.77)	(1.05)
年度	控制	控制	控制	控制	控制
行业	控制	控制	控制	控制	控制
Observations	4786	4786	2022	3278	1596
Adjusted R-squared	4.36%	5.09%	7.02%	6.01%	7.84%

注：***、**、* 分别表示变量在 1%、5%、10%的水平上显著。括号中的数值为 *t* 值。

表 3-7 的结果显示，采用不同的企业集团指标定义并不影响我们的主要结论，除表 3-7 中第（4）栏的 *Control×Fcf* 系数不显著。这主要是因为企业集团定义为控股股东拥有上市公司高于 20%的股权，可以对上市公司进行有效控制，而派遣董事、监事或高管监督上市公司的影响就被削弱了。

再次，由于本研究话题可能存在的内生性问题，我们采用 Heckman（1979）提出的两阶段模型①来解决该问题。具体说明如下：第一阶段我们使

① 以往文献通常采用这种方法解决内生性问题（Katz，2009；Givoly 等，2010）。

用 Logistic model 估计是否存在企业集团支持的 Inverse Mill’s Ratio（IMR）。我们主要考虑了公司的财务和公司特征对是否存在企业集团支持的影响。具体模型（3-5）如下：

$$Group_{i,t} = \beta_0 + \beta_1 Roa_{i,t} + \beta_2 Size_{i,t} + \beta_3 Sales_{i,t} + \beta_4 Cash_{i,t} + \beta_5 Lev_{i,t} + \beta_6 Age_{i,t} + \beta_7 State_{i,t} + \beta_8 Growth_{i,t} + \sum yeardummy + \sum industrydummy + \varepsilon_{i,t} \tag{3-5}$$

其中：*Group* 为虚拟变量，当上市公司存在企业集团支持时取 1，否则为 0。*Roa* 为总资产收益率；*Size* 为公司总资产的对数；*Sales* 为主营业务收入取自然对数，*Cash* 是总资产标准化的现金和现金等价物；*Age* 为公司的年龄，从成立到现在的年数；*State* 为虚拟变量，当公司为国有控股时取 1，否则取 0；*Growth* 为公司的收入增长率。

表 3-8　Heckman（1979）第一阶段回归结果

变量	第一阶段（logistic）		
	系数	Wald Chi-Square	*p*-value
Roa	0.382	0.199	0.656
Size	−0.058	0.655	0.418
Sales	−0.408***	46.991	0.000
Cash	−0.080	0.047	0.828
Lev	0.121	0.215	0.643
Age	−0.109***	138.473	0.000
State	−0.779***	103.513	0.000
Growth	−0.058	0.622	0.430
Constant	10.648***	156.534	0.000
年度	已控制		
行业	已控制		
Observations	5120		

注：***、**、* 分别表示变量在 1%、5%、10%的水平上显著。

表 3-8 的回归结果显示，*Sales*、*Age*、*State* 和 *Group* 显著负相关，表明主

营业务收入较少和上市时间较短的非国有控股公司隶属于企业集团的概率较大。

在第二阶段中，我们将 Inverse Mill's Ratio（IMR）带入模型（3-2）和模型（3-3），从而修正内生性所导致的偏误。第二阶段的回归结果见表3-9。

表3-9 Heckman（1979）第二阶段回归结果

变量	因变量：*Overinv*				
	(1)	(2)	(3)	(4)	(5)
	All	*All*	*Fc*=1	*All*	*Fc*=1
Fcf	0.065***	0.031*	0.012	0.093***	0.132***
	(6.90)	(1.85)	(0.40)	(6.01)	(5.84)
Group		-0.002	-0.006**		
		(-1.24)	(-2.15)		
Group×*Fcf*		0.037*	0.087***		
		(1.90)	(2.73)		
Control				-0.002	-0.003
				(-1.09)	(-1.38)
Control×*Fcf*				-0.042**	-0.069**
				(-1.97)	(-2.30)
Roa		0.006	-0.038	0.005	-0.026
		(0.35)	(-1.55)	(0.27)	(-0.94)
Salary		0.001	0.003**	0.000	0.004**
		(0.97)	(2.09)	(0.26)	(2.54)
Tunnel		-0.120***	-0.194***	-0.086***	-0.173***
		(-5.99)	(-5.42)	(-3.63)	(-4.29)
Exp		-0.001	-0.005	-0.007	0.001
		(-0.052)	(-0.24)	(-0.53)	(0.043)
Mino		0.022***	0.029***	0.030***	0.042***
		(3.12)	(2.94)	(3.89)	(4.03)

续表

变量	因变量：*Overinv*				
	(1)	(2)	(3)	(4)	(5)
	All	*All*	*Fc*=1	*All*	*Fc*=1
IMR	-0.006***	-0.007***	-0.008***	-0.008***	-0.009***
	(-6.69)	(-6.47)	(-4.91)	(-6.21)	(-4.89)
Constant	0.054***	0.049***	0.029	0.053***	0.006
	(10.3)	(3.67)	(1.54)	(3.40)	(0.29)
年度	控制	控制	控制	控制	控制
行业	控制	控制	控制	控制	控制
Observations	5120	5120	2184	3612	1758
Adjusted R-squared	5.18%	6.06%	8.68%	7.17%	9.79%

注：***、**、*分别表示变量在1%、5%、10%的水平上显著。括号中的数值为 *t* 值。其中 IMR 为 Heckman（1979）方法中第一阶段 Logistic 模型回归的 Inverse Mill's Ratio。

表3-9的结果显示，主要变量的回归结果与前文一致，表明在控制了内生性问题后，原文的结论仍然成立。

3.6 研究结论

我们考察了隶属于企业集团的上市公司与独立公司之间过度投资程度的差异，进而考察我国企业集团内部资本市场的资金配置效率。研究结论表明，相比独立的上市公司，隶属于企业集团的上市公司过度投资程度更加严重。可能的原因在于，由于企业集团的存在，隶属于企业集团的上市公司得到了更多的自由现金流，管理者对自由现金流的滥用导致了过度投资的现象。进一步地，我们对上市公司可能面临外部融资约束的情况进行了检验，发现当上市公司存在外部融资约束可能性时，企业集团的支持使上市公司得到了更多的自由现金流，加重了上市公司的过度投资程度。然而，企业集团内部的公司治理能够削弱上述关系。我们对企业集团内部治理能力的考察发现，控股股东对上市公司的监督力度越强，越能抑制上市公司的过度投资程度。这可能是因为控股股东的监督抑制了管理者的代理行为，使得管理者不再盲目进行投资扩大规模，因而缓解了上市公司的过度投资。

我们的研究深化和拓展了关于企业集团内部资本市场和自由现金流过度投资的相关文献，并对企业集团内部治理对企业运营效率的影响提供了新的解释途径和经验证据。我们的研究结论显示，即便存在代理问题，即上市公司管理者向集团总部进行寻租导致过度投资现象的出现，但如果能积极利用集团内部监督的方式对上市公司管理者进行有效监督，则能显著缓解股东与管理者之间存在的代理问题。我们的结论对我国企业集团如何加强内部资金管理相应提高内部资本市场效率具有一定的启示意义，同时也对投资者的相关决策有一定的参考价值。

需要指出的是，出于研究需要，我们从企业集团支持与否对下属上市公司过度投资的可能影响，而未对可能出现的投资不足问题进行专门讨论。另外，我们的着眼点主要在于企业集团中股东与管理者之间的代理问题，并未涉及大股东与中小股东之间的第二重代理问题，而这重代理问题很可能也会对企业集团的内部资本市场有效性有影响。这些问题尚需未来进一步的研究。

第4章 付出一定有回报吗[①]
——基于企业集团与创新关系的研究

4.1 引言

企业集团在我国资本市场以及国民经济发展中已经成为一种举足轻重的组织形式。现有研究从企业集团形成的原因、集团绩效及经济增长等方面进行了广泛且深入的研究（Bertrand et al., 2002; Almeida and Wolfenzon, 2006）。然而，对企业集团内部运作及资金的使用效率考察较少，特别是集团企业的创新问题，相关的研究更是鲜见（黄俊和陈信元，2011）。

以往对于企业集团内部运作的研究主要集中于两方面，一方面认为企业集团内部运作是有效率的。比如 William（1975）的研究就认为，内部资本市场运作能够缓解公司对紧缺资源的依赖，公司管理层能够运用集团内部公司之间的信息，将资金分配到投资机会更好的项目。Stein（1977）也认为，企业集团能够有效识别市场中真正的“赢家”，将资金分配到投资机会更好的公司。另一方面，有研究认为企业集团的运作是无效率的。比如 Jensen（1986, 1990）就发现，企业集团存在严重的代理问题，这可能导致管理层投资于高风险或低收益的项目。Scharfstein 和 Stein（2000）也发现，企业集团存在双层委托代理问题，企业集团管理层的寻租行为会降低集团资源的配置效率，使内部资本市场无效。上述文献表明，企业集团内部资本市场的运作效率问题至今尚无定论。我们认为其主要原因在于，第一，企业集团内部运作依旧是一个过程的“黑匣子”，诸多研究均无法直接观察其运作方式，增加

① 原文为窦欢、罗勇根撰写的工作论文，这里有所改动。

了研究的困难；第二，内部资本市场运作效率的度量存在一定缺陷，无法直接有效地考察集团内部运作的投入与产出问题，因此相关研究结果有待进一步论证。

我们以企业集团的创新作为研究的切入点，主要基于以下两方面原因：第一，创新作为企业集团重要的投资项目，可以直接地观察其创新投入（研发支出）与创新产出（专利），是企业集团投资效率更为直接的度量方式，有助于从特定的投资项目量化集团内部资本市场的运作效率，为企业集团的内部运作提供更为直接的证据；第二，从创新的特征来看，具有较大风险及不确定性（徐欣和唐清泉，2010；Carpenter and Peterson，2002），并且对资金的依赖程度相对更高（鞠晓生等，2013），因此对集团内部资金的配置可能更为敏感，这为我们更好地观察企业集团内部资金的使用提供了机会。

基于上述分析，我们采用 2007—2015 年 A 股上市公司作为样本，研究相对于非企业集团而言，企业集团所属于上市公司的创新水平是否更高。实证结果发现：第一，隶属于企业集团的上市公司具有更高的创新投入水平，但是对创新产出没有显著影响，说明企业集团内部资本市场运作的低效率。第二，企业集团对创新投入影响的作用机制在于自由现金流量的促进作用，以及集团内其他公司创新投入带来的同伴效应，探讨了企业集团内部资本运作的内在机理。第三，企业集团创新投入的增加会损害公司的价值，却提高了管理层的隐性薪酬，揭示了企业集团内部资本运作低效率的主要原因。

我们的研究贡献可能有以下几方面：

第一，有助于从企业创新的角度丰富企业集团内部资金配置效率的研究。以往对企业集团内部资金配置效率的研究，主要以集团化经营是否会引致过度投资为主（潘红波和余明桂，2010），没有直接考察集团内部运作投入与产出的效率问题。本研究则从创新投入与产出的角度，具体考察了企业集团的资金配置效率问题，企业集团的创新投入水平更高，但是创新产出水平却相对较差，为内部资本市场的运作提供了更为直接的证据。

第二，与黄俊和陈信元（2011）的研究不同，我们采用了新会计准则实施后的样本区间，并且更为深入地研究了企业集团增加创新投入水平却未能提高创新产出的主要原因。我们发现其可能的原因在于，企业集团可使下属上市公司获得更为充足的现金流，存在明显的"同伴效应"，从而拥有相对更为充裕的研发投入，但企业集团的"集体主义"（Scharfstein and Stein，2000），容易产生搭便车的行为，因此并没有明显的溢出效应，而管理层在此过程中谋求个人利益（比如增加在职消费），使研发投入无法转化为有效的创新产出。更深层次地揭示了企业集团内部运作低效率的主要原因。

第三，丰富并补充了关于公司创新研究的视角。以往的研究大多从公司的内部特征或外部政策及环境因素对公司创新进行研究，较少从集团公司的角度出发进行考察。企业集团是多个相互关联公司的集合，它有利于研究公司之间的相互作用与影响，这为创新的研究提供了新的视角。

4.2 文献回顾与理论分析

已有对于企业集团内部资本市场运作效率的研究主要分为两个方面。一方面，研究认为，企业集团的内部资本市场运作是有效率的。William（1975）的研究就认为，公司管理层能够运用集团内部公司之间的信息，将资金分配到投资机会更好的项目，从而能够缓解公司对紧缺资源的依赖。Stein（1977）也认为，企业集团能够有效识别市场中真正的"赢家"，将资金分配到投资机会更好的公司。在我国，肖星和王琨（2005）发现，集团企业的多元化经营及集团所属上市公司数量的增加，能够提高公司价值。黄俊和陈信元（2011）研究发现，集团化经营能够降低企业融资成本，增加企业的研发投入。另一方面，也有研究认为企业集团的运作是无效率的。比如 Scharfstein 和 Stein（2000）就发现，企业集团存在双层委托代理问题，企业集团管理层的寻租行为会降低集团资源的配置效率，使内部资本市场无效。Gopalan 等（2007）运用印度企业集团的数据，研究发现企业集团会通过内部资金的转移，向业绩较差的公司提供资金支持。潘红波和余明桂（2010）发现企业集团内部资金配置存在过度投资的倾向。

与我们密切相关的另一组文献是关于公司创新影响因素的研究。已有文献的研究主要集中在如何激励创新。中小型初创企业一般是科技创新最活跃的群体，在国家创新活动和经济运行中起到极为重要的作用（田轩，2018）。然而，由于初创企业与投资者之间存在严重的信息不对称问题，投资者不敢向初创企业投资；同时，传统的金融机构基于风险的考虑，也不敢向初创企业发放贷款，因而初创企业经常会面临资金不足的困境，而往往无法进行必要的创新活动。风险投资对企业创新通常具有正向影响，具体作用机制在于，风险投资不仅能够为企业创新提供货币资本（kortum and Lerner，2000），还可以为创新企业的经营管理带来珍贵的"知识资本"（Hellmann and Puri，2000），如进行监督和管理、完善企业治理等，同时风险投资还能利用其关系网络为被投资企业提供增值服务（Bottazzi et al.，2008），进而提高企业的创新绩效。风险投资的特征（Chemmanur et al.，2014），以及风险投资对失败的容忍度（Tian and Wang，2014）均对创新有影响。除此而外，企业上市状态和并购也会影响公司创新，例如 Bernstein（2015）发现由于企业早期员工在企业上市后成了百万富翁、千万富翁，财富削弱了他们研发的积极性，因此企业内部的创新水平就下降了。而并购行为对创新的影响则来自收购更有创新能力的小企业来实现（Bena and Li，2014）。公司内部因素，如管理者特征和企业薪酬激励制度也会影响企业创新，管理者过度自信能克服创新中遇到的困难，有益于创新活动的开展（Galasso and Simcoe，2011；Hirshleifer et al.，2012），长期激励的薪酬制度也会促进企业创新活动（Francis et al.，2009；Lerner and Wulf，2007）。另有一组文献探究宏观因素对公司创新的影响，包括地区发展（Hsu et al.，2014；Adhikari and Agrawal，2016）、知识产权保护（潘越等，2015；吴超鹏和唐菂，2016）、产业政策（黎文靖和郑曼妮，2016）、银行竞争（Cornaggia et al.，2015）和资本市场（权小锋和尹洪英，2017）等。

上述文献表明，对于企业集团运作效率的研究至今尚无定论，而对于内部资本市场运作机制的研究更是鲜见，另外，尽管对于创新的研究已经不断涌现，但是并没有考虑不同的组织形式对其影响的差异性。因此，我们从创新的角度研究企业集团的运作效率问题，即为企业集团资本市场的运作提供了直接的证据，也丰富了创新影响因素的研究。

我们认为，相比于非企业集团，企业集团所属上市公司的创新水平会更高，主要原因可能有三个方面：

第一，企业集团能为上市公司提供更为充足的现金流。企业集团拥有的内部资本市场能搞提高企业的融资能力，放松融资约束（Delof，1998），并且集团内各子公司之间可以借助集团进行资金调配，为子公司提供充足的资金支持（窦欢等，2014），而充足的内部资金有利于企业进行持续的创新活动（鞠晓生等，2013）。

第二，企业集团的各子公司存在“同伴效应”。集团企业之间由于共同母公司的存在，信息的传递成本相对较低，子公司之间也更容易互相模仿与学习。并且，由于创新具有较大的风险（Carpenter and Peterson，2002），子公司更有动机在集团内部进行模仿，以降低创新的风险。已有研究表明，同伴效应无论在企业对新产品或新技术的采用还是新管理方法的导入方面，都是普遍存在的现象（Lieberman and Asaba，2006）。

第三，企业集团下属的各子公司之间存在“技术溢出效应”。已有研究认为，技术溢出效应不仅存在于产业之间，也存在于企业之间（Bresnahan，1986；黄俊和陈信元，2011；潘文卿等，2011）。黄俊和陈信元（2011）研究发现，集团内公司的研发投入会受到其他成员企业研发投资影响，即存在溢出效应。因此，集团内企业的创新会通过技术溢出效应提高整体的创新水平。

根据上述分析，我们提出如下假设：

H1：企业集团能提高企业的创新水平。

4.3 研究设计

4.3.1 样本选择与数据来源

由于2006年我国上市公司新会计准则颁布，因此我们以2007—2015年为样本期间。以我国上市公司为研究样本，并通过以下标准对样本进行了筛选：①剔除金融类上市公司，因为这些公司与普通的公司在数据结构上存在很大区别；②剔除ST和PT类公司；③剔除财务数据缺失的样本观测。我们所有企业财务数据及公司专利数据来自国泰安数据库（CSMAR），研发支出数据来自同花顺 iFinD 数据库。为保证研究结果的稳健性，我们在 1% 水平下对公司层面的连续变量进行缩尾（Winsorize）处理，最终得到样本观测 11052 个。

4.3.2 模型设定与变量定义

为检验我们的主要假设，即企业集团对下属上市公司创新水平的影响，参照余明桂等（2016）、权小锋和尹洪英（2017）的研究，我们构建了如下模型（4-1）：

$$Innovation = \alpha_0 + \alpha_1 Group_{i,\ t} + \sum \alpha_n CV_{i,\ t} + \sum Industry + \sum Year + \varepsilon \tag{4-1}$$

其中，*Innovation* 表示公司的创新水平，分别从创新投入和创新产出两个方面度量，创新投入采用公司研发支出（RD_ Size）占总资产的比值进行度量（潘越等，2015），创新产出（Patent1）采用公司申请的专利总量加上 1 取自然对数进行度量（黎文靖和郑曼妮，2016），为防止代理变量的选取可能存在的测量误差，我们还借鉴权小锋和尹洪英（2017）及 Bereskin 等（2016）的研究，也运用公司研发支出占营业收入的比重（RD_ Sale）测量创新投入，运用发明专利、实用新型和外观设计专利分别按 3：2：1 的权重求和后加上 1 再取自然对数（Patent2）测量创新产出。

企业集团（Group）是我们重要的解释变量。与 Fang 等（2017）的定义一致①，若上市公司的母公司拥有两个及两个以上的上市公司，则定义为企业集团，此时 *Group* 为 1，否则为 0。

CV 是控制变量，参考以往的研究（黎文靖和郑曼妮，2016；权小锋和尹洪英，2017），控制了如下变量：公司规模、资产负债率、总资产收益率、现金持有水平、账面市值比、公司成立年限、审计质量，并且控制了年度与行业的虚拟变量。具体的变量定义如表 4-1 所示。

根据我们假设，若变量 Group 的系数显著为正，则说明企业集团能显著提高下属公司的创新水平，假设 H1 成立。

---

① 此处之所以选择此定义，是为了识别企业集团内部存在的同伴效应（Peer Effect）。

表 4-1 变量定义

变量名称	变量符号	变量描述
创新投入	*RD_ Size*	研发支出除以总资产
	RD_ Sale	研发支出除以营业收入
创新产出	*Patent*1	发明专利、实用新型和外观设计专利申请量加上 1 取自然对数
	*Patent*2	发明专利、实用新型和外观设计专利分别按 3∶2∶1 的权重求和后加上 1 再取自然对数
企业集团	*Group*	若上市公司的母公司拥有两个及两个以上的上市公司，则定义为企业集团，此时 group 为 1，否则为 0
公司规模	*Size*	公司总资产取自然对数
资产负债率	*Lev*	资产负债率
总资产收益率	*Roa*	资产收益率，以当期净利润除以总资产表示
现金持有水平	*Cash*	货币资金除以总资产
账面市值比	*MB*	期末市值除以总资产的账面价值
公司成立年限	*Age*	公司成立期到样本期的年限
审计质量	*AQ*	审计师事务所为国际排名前四或国内排名前十

4.4 实证结果与分析

4.4.1 描述性统计

表 4-2 列出了描述性统计的结果。研发支出占总资产的比重（RD）均值为 2.2%，中位数为 1.9%，说明我国上市公司的研发支出基本符合正态分布的特征，但是与发达国家相比研发投入水平依旧较低①。公司专利申请总量取自然对数（Patent）的均值为 2.593，中位数为 2.485，而标准差达到 1.243，说明我国公司的专利申请存在较大差异，该描述性统计结果与权小锋和尹洪英（2017）基本一致。企业集团（Group）的均值为 0.231，中位数为 0，说明样本公司大多数为非集团企业，隶属于一个企业集团的公司为 23.1%，但

① 根据 Aghion 等（2004）及余明桂等（2016）等文献，发达国家如英国的平均研发投入为 3%。

是相比于 2004 年而言有明显增加①。其余控制变量与以往的研究基本一致。

表 4-2　描述性统计

变量	*N*	*mean*	*sd*	*P25*	*P50*	*P75*
RD_ Size	11052	0.0221	0.0168	0.0111	0.0191	0.0288
RD_ Sale	11052	0.0433	0.0403	0.0212	0.0347	0.0512
*Patent*1	11052	2.593	1.243	1.609	2.485	3.296
*Patent*2	11052	2.264	1.237	1.386	2.120	2.944
Group	11052	0.231	0.422	0	0	0
Size	11052	21.90	1.214	21.04	21.69	22.49
Lev	11052	0.397	0.207	0.230	0.385	0.547
Roa	11052	0.0412	0.0534	0.0140	0.0395	0.0677
Cash	11052	0.213	0.157	0.0998	0.163	0.282
MB	11052	2.862	2.618	1.248	2.146	3.534
Age	11052	7.320	5.953	3	5	12
AQ	11052	0.719	0.450	0	1	1

4.4.2　回归结果分析

表 4-3 是集团企业及其创新的回归结果，其中，第（1）列和第（2）列的因变量是用研发支出测量的创新投入，第（3）列和第（4）列的因变量是用专利申请量测量的创新产出。由回归结果可知，第（1）列和第（2）列企业集团（Group）的系数显著为正，这说明，相对于非企业集团，企业集团能显著增加其下属上市公司的创新投入，但是第（3）列和第（4）列的 Group 系数却不显示，说明企业集团对其所属上市公司的创新产出并没有显著影响。上述结果表明，在我国，集团企业管理层可能更关注公司的短期利益，而忽视了对股东更为有利的可持续性投资项目（Ederer and Manso，2013），因此表现为创新投入的增多，却没能显著提高公司的创新效率。

① 根据黄俊和陈信元（2011）的研究，2004 年我国仅 3.01%的公司隶属于同一个集团企业。

表 4-3 企业集团与创新

变量	(1)	(2)	(3)	(4)
	RD_ Size	*RD_ Sale*	*Patent*1	*Patent*2
Group	0.002 ***	0.002 ***	0.046	0.081
	(5.99)	(2.94)	(0.67)	(0.75)
Size	-0.001 ***	-0.0002	0.492 ***	0.582 ***
	(-8.39)	(-0.74)	(13.73)	(7.92)
Lev	-0.004 ***	-0.057 ***	-0.201	-0.678 **
	(-3.79)	(-23.04)	(-1.19)	(-2.09)
Roa	0.058 ***	-0.083 ***	2.337 ***	0.528
	(14.74)	(-8.84)	(5.31)	(0.47)
Cash	-0.001	0.026 ***	0.304 **	-0.024
	(-0.48)	(8.14)	(2.01)	(-0.04)
MB	0.001 ***	0.002 ***	0.024 ***	-0.006
	(9.33)	(11.22)	(2.75)	(-0.32)
Age	-0.000 **	-0.001 ***	-0.010 *	0.006
	(-2.54)	(-10.51)	(-1.87)	(0.42)
AQ	0.002 ***	0.000	0.052	0.082
	(5.05)	(0.08)	(1.09)	(0.75)
年度	控制	控制	控制	控制
行业	控制	控制	控制	控制
N	11052	11052	11052	11052
*r*2_ *a*	0.263	0.369	0.258	0.379

注：***、**、* 分别表示变量在 1%、5%、10%的水平上显著。括号中的数值为 *t* 值。回归结果均经过公司层面聚类调整（Cluster）。

4.4.3 稳健性检验

(1) 配对检验（PSM）。

由于企业集团与非企业集团上市公司之间可能存在一些公司特征的固有差异，可能会使公司创新水平本身就存在明显的不同，从而影响我们的结果，为此我们采用倾向匹配得分法（PSM）对企业集团与非企业集团进行匹配后回归。

首先，我们将模型（4-1）中所有的控制变量运用 Probit 估计对 Group 变量进行回归，获得倾向匹配得分，然后根据倾匹配得分，以最近邻匹配法对企业集团与非企业集团上市公司进行匹配，最后运用匹配后的样本重新进行回归。结果如表 4-4 所示，由匹配之后的回归结果可知，Group 的回归系数在创新投入中显著为正，在创新产出的回归中依旧不显著。与全样本的回归结果基本一致。

表 4-4　企业集团与创新：PSM 配对样本

变量	(1)	(2)	(3)	(4)
	RD_ Size	*RD_ Sale*	*Patent*1	*Patent*2
Group	0.0025***	0.0024**	0.0531	-0.0529
	(4.80)	(2.29)	(1.40)	(-0.50)
Size	-0.0016***	-0.0024***	0.527***	0.558***
	(-6.30)	(-4.86)	(20.18)	(8.47)
Lev	-0.0042**	-0.0395***	-0.246*	-0.811**
	(-2.14)	(-11.13)	(-1.80)	(-2.47)
Roa	0.0567***	-0.0329**	2.393***	0.148
	(8.88)	(-2.56)	(6.20)	(0.12)
Cash	0.0014	0.0271***	0.197	0.460
	(0.58)	(4.46)	(1.19)	(0.84)
MB	0.00079**	0.0014***	0.0275***	0.0006
	(4.15)	(4.04)	(3.43)	(0.03)
Age	-0.0002***	-0.001***	-0.0147***	0.007
	(-3.70)	(-9.59)	(-3.60)	(0.42)
AQ	0.0017***	0.0006	0.121***	0.0682
	(2.71)	(0.46)	(2.82)	(0.64)
年度	控制	控制	控制	控制
行业	控制	控制	控制	控制
N	3547	3547	3547	3547
adj. R-sq	0.279	0.323	0.298	0.363

注：***、**、* 分别表示变量在 1%、5%、10%的水平上显著。括号中的数值为 t 值。回归结果均经过公司层面聚类调整（Cluster）。

（2）只用高科技行业作为样本。

根据潘越等（2015）、黎文靖和郑曼妮（2016）的研究，创新对高科技行业而言更为重要，那么受到行业特征的影响，该类型的企业也更加注重创新，创新效率可能更高。因此，我们将制造业中的通用设备、专用设备、交通运输设备、电气机械及器材、计算机及其他电子设备，通信设备、仪器仪表及文化、办公用机械划分为高科技行业，以高科技行业的上市公司为样本进行回归，结果如表 4-5 所示。回归结果与前文基本保持一致。

表 4-5　企业集团与创新：高科技行业样本

变量	（1）	（2）	（3）	（4）
	RD_ Size	*RD_ Sale*	*Patent1*	*Patent2*
Group	0.0037***	0.0044***	-0.0337	0.0899
	(5.70)	(2.85)	(-0.33)	(0.84)
Size	-0.0012***	0.0033***	0.636***	0.675***
	(-4.09)	(4.31)	(9.99)	(8.68)
Lev	-0.0013	-0.0832***	0.0145	-0.301
	(-0.70)	(-17.92)	(0.06)	(-1.21)
Roa	0.0623***	-0.126***	1.729***	-0.388
	(9.98)	(-7.93)	(3.00)	(-0.69)
Cash	0.0031*	0.0307***	0.638***	-0.0934
	(1.73)	(6.53)	(3.25)	(-0.25)
MB	0.0011***	0.0027***	0.0385***	0.0177
	(9.41)	(10.47)	(3.19)	(0.87)
Age	-0.0002***	-0.0011***	-0.0138	-0.0013
	(-4.32)	(-10.03)	(-1.64)	(-0.09)
AQ	0.0004	-0.0008	0.0375	0.0982
	(0.76)	(-0.64)	(0.58)	(1.22)
年度	控制	控制	控制	控制
行业	控制	控制	控制	控制
N	6146	6146	6146	6146
adj. R-sq	0.191	0.294	0.273	0.419

注：***、**、*分别表示变量在 1%、5%、10%的水平上显著。括号中的数值为 t 值。回归结果均经过公司层面聚类调整（Cluster）。

（3）投资效率。

根据上文分析，企业集团所属上市公司的创新投入会显著较高，但创新效率却没有显著增加。创新作为企业具体的投资项目，一定程度上可以反映企业的投资水平与投资效率，因此，对于创新投入越高的企业，企业的投资水平也越高，投资效率相对较低，我们进一步检验企业集团的投资水平与投资效率是否与我们逻辑保持一致，回归结果如表 4-6 所示。表 4-6 中第（1）列中的因变量为企业的投资水平，第（2）列的因变量为企业的无效率投资的程度，以过度投资与投资不足的绝对值之和表示。回归结果中交互项 Group×RD 能显著提高公司的投资水平，但是没有显著的改善企业的投资效率，与我们的逻辑基本保持一致。

表 4-6　企业集团与投资

变量	(1)	(2)
	Invest	*Effi-Invest*
RD_ Size	-0.243***	-0.0065
	(-4.43)	(-0.12)
Group	-0.0095***	0.0007
	(-3.67)	(0.24)
Group×RD	0.177*	0.0239
	(1.92)	(0.24)
$Invest_{t-1}$	0.291***	0.0312***
	(27.46)	(2.90)
Size	-0.0012	-0.0018**
	(-1.42)	(-2.09)
Lev	-0.0128**	0.0242***
	(-2.36)	(4.03)
Roa	-0.301***	0.0346*
	(-17.09)	(1.91)
Cash	-0.0648***	0.0267***
	(-11.42)	(3.64)
MB	-0.0005	0.0015***
	(-1.31)	(3.54)

续表

变量	(1)	(2)
	Invest	*Effi-Invest*
Age	-0.0019***	-0.0008***
	(-12.95)	(-4.45)
AQ	-0.0003	0.0013
	(-0.25)	(0.81)
年度	控制	控制
行业	控制	控制
N	10347	9005
adj. R-sq	0.292	0.053

注：***、**、*分别表示变量在1%、5%、10%的水平上显著。括号中的数值为 t 值。回归结果均经过公司层面聚类调整（Cluster）。

（4）删除资产负债率大于1的样本。

由于资产负债率大于1说明公司资不抵债，存在较高的破产风险，因此该类企业对创新的反应可能与其他企业有所区别，因此，剔除资产负债率大于1的观测值对模型（4-1）重新进行回归，结果如表4-7所示。

（5）固定效应。

为了防止企业的固有特征对结果产生影响，我们也采用固定效应对样本进行回归，结果如表4-8所示。结果与前文基本保持一致。

表4-7 企业集团与创新：删除资产负债率大于1样本

变量	(1)	(2)	(3)	(4)
	RD_ Size	*RD_ Sale*	*Patent*1	*Patent*2
Group	0.0024***	0.0024***	0.0427	0.0908
	(5.98)	(2.81)	(0.62)	(0.83)
Size	-0.0014***	0.0001	0.499***	0.602***
	(-8.20)	(-0.00)	(13.65)	(7.65)
Lev	-0.0044***	-0.0591***	-0.261	-0.896**
	(-3.95)	(-23.27)	(-1.48)	(-2.24)

续表

变量	(1)	(2)	(3)	(4)
	RD_ Size	*RD_ Sale*	*Patent*1	*Patent*2
Roa	0. 0577 ***	−0. 0845 ***	2. 319 ***	0. 291
	(14. 69)	(−8. 93)	(5. 21)	(0. 25)
Cash	−0. 0007	0. 0250 ***	0. 286 *	−0. 141
	(−0. 56)	(7. 93)	(1. 89)	(−0. 25)
MB	0. 0009 ***	0. 0022 ***	0. 0265 ***	−0. 0003
	(9. 28)	(11. 44)	(2. 95)	(−0. 01)
Age	−0. 0001 ***	−0. 0007 ***	−0. 0104 *	0. 0048
	(−2. 60)	(−10. 61)	(−1. 89)	(0. 32)
AQ	0. 0016 ***	0. 0001	0. 0511	0. 0856
	(5. 09)	(0. 08)	(1. 07)	(0. 78)
年度	控制	控制	控制	控制
行业	控制	控制	控制	控制
N	11034	11034	11034	11034
adj. R-sq	0. 263	0. 369	0. 258	0. 380

注：***、**、* 分别表示变量在 1%、5%、10%的水平上显著。括号中的数值为 *t* 值。回归结果均经过公司层面聚类调整（Cluster）。

表 4-8　企业集团与创新：固定效应回归

变量	(1)	(2)	(3)	(4)
	RD_ Size	*RD_ Sale*	*Patent*1	*Patent*2
Group	0. 00167 ***	0. 00435 ***	0. 0563	−0. 0706
	(2. 67)	(2. 94)	(0. 44)	(−0. 32)
Size	−0. 0063 ***	−0. 0059 ***	0. 273 ***	0. 188
	(−19. 31)	(−7. 69)	(4. 29)	(0. 38)
Lev	0. 0009	−0. 0253 ***	−0. 505 ***	0. 771
	(0. 75)	(−9. 04)	(−2. 72)	(0. 45)
Roa	0. 0245 ***	−0. 0881 ***	0. 458	−1. 026
	(10. 56)	(−16. 07)	(1. 23)	(−0. 39)

续表

变量	(1)	(2)	(3)	(4)
	RD_ Size	*RD_ Sale*	*Patent1*	*Patent2*
Cash	-0.0052***	-0.0034*	-0.185	0.299
	(-6.24)	(-1.72)	(-1.35)	(0.14)
MB	0.0004***	0.0004***	0.0058	-0.0245
	(8.67)	(3.79)	(0.74)	(-0.52)
Age	-0.0037***	-0.0039**	0.0643	0.0857
	(-5.43)	(-2.41)	(0.61)	(0.54)
AQ	0.0008**	-0.0008	-0.0305	0.0907
	(2.31)	(-1.05)	(-0.58)	(0.31)
年度	控制	控制	控制	控制
公司	控制	控制	控制	控制
N	11052	11052	11052	11052
adj. R-sq	0.263	0.369	0.258	0.380

注：***、**、*分别表示变量在1%、5%、10%的水平上显著。括号中的数值为t值。

4.5 影响机制探讨

根据前文的理论分析，企业集团所属上市公司对创新的影响可能来源于三个方面，分别是：①现金流量影响机制；②同伴效应；③溢出效应。因此，我们从三方面分别进行检验。

4.5.1 企业集团、自由现金流量与创新

窦欢等（2014）的研究表明，企业集团的自由现金流量越多，过度投资越严重。借鉴窦欢等（2014）的研究，我们重点关注对企业创新投入的影响，回归结果如表4-9所示。结果可以发现，无论是否控制公司固定效应，交互项Group-Cash的系数基本显著为正，表明企业集团的自由现金流量越多，越能为公司的投资决策提供资金支持，集团成员越能从内部获得资金，从而提高创新投入水平。

表 4-9　企业集团、自由现金流量与创新

变量	(1)	(2)	(3)	(4)
	RD_ Size	*RD_ Size*	*RD_ Sale*	*RD_ Sale*
Group	0.000	0.001 *	−0.002	0.003
	(0.20)	(1.86)	(−1.18)	(1.43)
Group×Cash	0.004 ***	0.001 **	0.013 *	0.002
	(5.80)	(2.38)	(1.68)	(1.19)
Size	−0.001 ***	−0.006 ***	0.001 ***	−0.006 ***
	(−7.40)	(−19.33)	(2.87)	(−4.93)
Lev	−0.006 ***	0.000	−0.067 ***	−0.026 ***
	(−6.06)	(0.22)	(−7.19)	(−7.22)
Roa	0.052 ***	0.023 ***	−0.101 ***	−0.088 ***
	(13.48)	(9.93)	(−10.84)	(−8.67)
Cash	−0.005 ***	−0.006 ***	0.013 ***	−0.004 *
	(−4.66)	(−6.70)	(4.03)	(−1.68)
MB	0.001 ***	0.000 ***	0.002 ***	0.000 **
	(9.68)	(9.31)	(13.43)	(2.41)
Age	−0.000	−0.004 ***	−0.001 ***	−0.004 ***
	(−1.23)	(−5.33)	(−8.60)	(−3.06)
AQ	0.002 ***	0.001 **	0.001	−0.001
	(6.33)	(2.23)	(1.62)	(−0.64)
年度	控制	控制	控制	控制
行业	控制	未控制	控制	未控制
公司	未控制	控制	未控制	控制
N	11052	11052	11052	11052
adj. R-sq	0.252	0.842	0.356	0.848

注：***、**、* 分别表示变量在 1%、5%、10%的水平上显著。括号中的数值为 *t* 值。

4.5.2　企业集团与创新的同伴效应

Leary 和 Roberts（2014）的研究发现，公司的资本结构与财务决策会受到同伴公司（Peer Firm）的影响。Dougal 等（2015）的研究认为，企业的投资行为对同一地区不同行业企业的平均投资水平会更为敏感。石桂峰（2015）

研究了我国企业投资是否也存在同伴效应，结果发现，同地区不同行业的企业投资是存在同伴效应的，并且在地方政府干预越强的地区更为显著。参照上述研究，我们也采用类似的方法检验了企业集团的创新行为是否存在同伴效应。回归结果如表 4-10 所示，其中，关键的自变量 *Peer_ RD* 是当年企业集团中剔除 *i* 企业研发投入后 *RD* 的均值，以此测量集业集团中同伴效应的强弱。结果发现，无论用何种方法测量的 *RD*，在回归中 *Peer_ RD* 的系数均显著为正，说明企业集团的创新投入也存在同伴效应。

表 4-10　企业集团与创新的同伴效应

变量	(1)	(2)	(3)	(4)
	RD_ Size	*RD_ Size*	*RD_ Sale*	*RD_ Sale*
Peer_ RD	0.019***	0.012***	0.025**	0.021**
	(4.71)	(3.44)	(2.51)	(2.12)
Size	-0.002***	-0.003*	-0.003**	-0.000
	(-3.87)	(-1.77)	(-2.11)	(-0.05)
Lev	-0.002	-0.000	-0.037***	-0.020*
	(-0.55)	(-0.02)	(-4.05)	(-1.89)
Roa	0.064***	0.026***	-0.047	-0.040*
	(4.97)	(3.16)	(-1.31)	(-1.89)
Cash	0.003	-0.010**	0.031**	0.000
	(0.43)	(-2.33)	(2.11)	(0.04)
MB	-0.000	0.000	0.000	0.000
	(-0.23)	(0.39)	(0.36)	(0.65)
Age	-0.000*	-0.004*	-0.001***	-0.004
	(-1.82)	(-1.74)	(-4.08)	(-1.37)
AQ	0.001	0.002	-0.002	0.003
	(0.55)	(1.30)	(-0.69)	(1.07)
年度	控制	控制	控制	控制
行业	控制	未控制	控制	未控制
公司	未控制	控制	未控制	控制
N	2541	2541	2541	2541
adj. R-sq	0.345	0.864	0.334	0.838

注：***、**、* 分别表示变量在 1%、5%、10%的水平上显著。括号中的数值为 *t* 值。

4.5.3　企业集团的溢出效应

黄俊和陈信元（2011）的研究发现，企业集团所属上市公司的研发支出存在溢出效应，即企业集团的技术进步不仅依赖公司自身的研发投入，也会受到集团内其他公司研发投入的影响。与同伴效应不同，溢出效应是从投入—产出的角度出发，强调本公司的研发产出是否会受到集团内其他公司研发投入的影响。因此，参照黄俊和陈信元（2011）的研究，我们将因变量专利申请量（Patent）采用未来一期的数据，对企业集团的溢出效应进行检验——表4-11第（1）列和第（2）列。但是，考虑到集团内上市公司对溢出效应的贡献并非完全相同的①，我们参照 Jaffe（1998）及潘文卿等（2011）的研究，以集团内各公司的专利申请量作为溢出效应贡献的权重，对样本进行再检验——表4-11第（3）列和第（4）列。回归结果发现，采用不同方法测度的溢出效应，系数均不显著，说明企业集团内其他公司的研发投入并不能显著提高本公司的研发产出，即溢出效应并不存在。该结果与黄俊和陈信元（2011）的研究并不一致，主要原因可能在于，第一，他们的研究样本来源于中国工业企业数据库，且仅局限于2004年当年的数据，缺少时间序列上的差异，而我们采用A股上市公司的数据，样本期间为2007—2015年，由于数据来源以及样本期间的区别，可能使结果产生差异；第二，随着2007年新会计准则的颁布及2008年全球金融危机的爆发等重大事件的频繁发生，企业生存的大环境已经发生较大的变化，影响企业决策的因素更为复杂，企业集团之间相互影响的机制也更加复杂，都可能会影响到其创新溢出效应的强弱。

表4-11　企业集团与创新的溢出效应

变量	(1)	(2)	(3)	(4)
	$Patent1_{t+1}$	$Patent2_{t+1}$	$Patent1_{t+1}$	$Patent2_{t+1}$
RD_ Size	24.22	13.72***	-11.60	15.18***
	(1.12)	(3.41)	(-0.52)	(2.67)

① 比如集团内一些上市公司的专利申请量较多，说明其研发投入的生产效率更高，其溢出效应可能更强。

续表

变量	(1)	(2)	(3)	(4)
	$Patent1_{t+1}$	$Patent2_{t+1}$	$Patent1_{t+1}$	$Patent2_{t+1}$
Peer_ RD	0. 170	0. 0318		
	(0. 58)	(0. 03)		
Spillover			10. 05	-27. 46
			(0. 47)	(-1. 24)
Size	0. 740 ***	0. 741 ***	0. 724 ***	0. 727 ***
	(9. 96)	(9. 96)	(10. 15)	(10. 05)
Lev	-1. 564 ***	-1. 566 ***	-1. 366 ***	-1. 365 ***
	(-3. 75)	(-3. 75)	(-3. 03)	(-2. 99)
Roa	-0. 614	-0. 585	-1. 507	-1. 493
	(-0. 62)	(-0. 59)	(-1. 31)	(-1. 29)
Cash	-0. 370	-0. 391	-0. 637	-0. 645
	(-0. 81)	(-0. 85)	(-1. 11)	(-1. 12)
MB	0. 0791 ***	0. 0775 ***	-0. 0113	-0. 0097
	(4. 37)	(4. 29)	(-0. 41)	(-0. 34)
Age	-0. 0167	-0. 0176	0. 0098	0. 001
	(-1. 55)	(-1. 61)	(0. 53)	(0. 53)
AQ	0. 101	0. 101	0. 101	0. 100
	(0. 89)	(0. 89)	(0. 75)	(0. 73)
年度	控制	控制	控制	控制
行业	控制	控制	控制	控制
N	2335	2335	2335	2335
adj. R-sq	0. 371	0. 371	0. 490	0. 488

注：***、**、* 分别表示变量在 1%、5%、10%的水平上显著。括号中的数值为 t 值。

综上所述，企业集团增加创新投入的主要机制在于所属上市公司可以获得集团内部资金的支持，更充足的现金流量能够支持公司的进行更多的研发投入，同时，由于同伴效应的存在，当集团内的其他公司增加创新投入的同时，单个公司也会争相模仿，提高研发的投入水平。但是没有证据表明企业集团的溢出效应对创新有显著的影响。

4.6　经济后果分析

根据上文结论，企业集团所属上市公司的研发投入更多，但是研发产出却没有显著增加，即企业集团的研发效率并没有显著提升，那么随之而来的主要问题是：为何企业集团无法提高研发效率却依旧会增加研发投入呢？为此，我们试图从以下两方面研究企业集团提高研发投入的原因：①研发投入的增加是否能提升企业价值？②研发投入的增加是否能提高管理层的薪酬？

4.6.1　企业价值

根据黎文靖和郑曼妮（2016）及权小锋和尹洪英（2017）等的研究，我们分别采用当期和未来一期的 *Tobin Q* 值衡量企业价值，同时控制了上一期的 *Tobin Q* 值。回归结果如表 4-12 所示。结果发现，无论从当期还是从未来一期来看，企业集团的研发投入越高，企业的价值越低，说明企业集团研发投入会损害企业价值。因此，管理层为何依旧会增加企业集团所属上市公司的研发投入更加值得关注。

表 4-12　企业集团创新投入与企业价值

变量	(1)	(2)	(3)	(4)
	TQ	TQ_{t+1}	TQ	TQ_{t+1}
Group	0.060	0.262***	0.047	0.205***
	(0.99)	(3.25)	(0.83)	(2.74)
RD_Size	3.337**	7.963***		
	(2.42)	(3.74)		
RD_Sale			1.860***	3.458***
			(3.00)	(3.49)
Group×RD_Size/ Group×RD_Sale	−5.453***	−10.000***	−4.682**	−7.161***
	(−2.58)	(−3.19)	(−2.49)	(−2.64)
Controls	控制	控制	控制	控制
年度	控制	控制	控制	控制

续表

变量	(1)	(2)	(3)	(4)
	TQ	TQ_{t+1}	*TQ*	TQ_{t+1}
行业	控制	控制	控制	控制
N	9641	9641	9641	9641
adj. R-sq	0.789	0.598	0.789	0.598

注：***、**、* 分别表示变量在 1%、5%、10%的水平上显著。括号中的数值为 *t* 值。

4.6.2 管理层薪酬

管理层的薪酬契约一般包括显性薪酬和隐性薪酬两部分，显性薪酬主要包括货币薪酬和股权激励等，隐性薪酬主要包括以在职消费为主的其他消费形式（卢锐等，2008）。因此，参照黎文靖和池勤伟（2015）及钟覃琳等（2016）的研究，我们分别以显性薪酬和隐性薪酬为因变量，以检验企业集团的创新投入是否能提高管理层薪酬水平。回归结果如表 4-13 所示，其中，管理层显性薪酬的代理变量分别为董事、监事及高管薪酬总额除以 3 后取自然对数（*Pay*1）及高管薪酬排名前三的薪酬总额除以 3 取自然对数（*Pay*2），管理层隐性薪酬的代理变量分别为管理费用除以总资产（*Treatfee*1）及业务招待费除以总资产（*Treatfee*2）。

回归结果发现，企业集团的创新投入对管理层的货币薪酬并没有显著影响（交互项并不显著），却显著增加了管理层的隐性薪酬（交互项显著为正），说明企业集团研发投入水平增加的主要原因在于管理层能够从中获得更高的个人利益。

表 4-13　企业集团创新投入与管理层薪酬

变量	(1)	(2)	(3)	(4)
	*Pay*1	*Pay*2	*Treatfee*1	*Treatfee*2
Group	0.0814	0.132*	-0.0012	-0.0005***
	(1.21)	(1.88)	(-0.63)	(-3.09)
RD_ Size	9.311***	9.257***	0.648***	-0.0066**
	(10.32)	(10.38)	(26.10)	(-2.20)

续表

变量	(1)	(2)	(3)	(4)
	*Pay*1	*Pay*2	*Treatfee*1	*Treatfee*2
Group×RD_Size/ Group×RD_Sale	-0.022	-0.016	0.002**	0.0001**
	(-1.01)	(-0.72)	(2.46)	(2.14)
Controls	控制	控制	控制	控制
年度	控制	控制	控制	控制
行业	控制	控制	控制	控制
N	9641	9641	9641	9641
adj. R-sq	0.789	0.598	0.789	0.598

注：***、**、* 分别表示变量在 1%、5%、10%的水平上显著。括号中的数值为 *t* 值。

综上所述，企业集团的创新投入会损害企业价值，但是管理层依旧选择增加企业的研发投入，主要原因在于研发投入的提高能够增加管理层的隐形薪酬，增加个人私利，进一步说明企业集团由于存在较为严重的代理问题，管理层更容易产生短视的行为，投资于高风险或低回报的项目，降低内部资本市场的配置效率（Jensen，1986；1990）。

4.7　研究结论与政策启示

我们主要考察了企业集团所属上市公司与非企业集团创新能力的差异，并进一步研究了其作用机制与经济后果。研究发现，企业集团所属上市公司的创新投入（以 RD 作为替代变量）更多，但是创新产出（以专利申请量作为替代变量）却没有明显增加，说明企业集团的创新效率与非企业集团相比并没有显著差异。进一步研究发现，企业集团对创新投入的影响主要机制在于自由现金流量的促进作用，以及集团内其他公司创新投入带来的同伴效应。对于经济后果的检验发现，企业集团创新投入的增加会降低企业价值，但是能够显著增加管理层的隐性薪酬。为企业集团内部资本市场的低效率提供了更为直观的经验证据。

我们研究结论表明，企业集团中存在较为严重的代理问题，直接后果可能导致其所属上市公司创新投入的增加却没有显著提高创新产出，并且，企业集团倾向于更多的创新投入主要原因在于管理层能从中获得更多的隐性福利。因此，对于企业集团而言，有必要加强对内部资本市场的管理，提高内部资本市场资金的使用效率，对于控股股东而言，需要建立更为完备的薪酬契约，以避免管理层“短视”行为，并激励管理层提高企业投入的转化效率。

第5章 同业竞争、机构投资者与投资效率①

5.1 引言

同业竞争关系是指上市公司的控股股东（包括绝对控股股东与相对控股股东）及其下属关联企业所从事的业务与该上市公司的业务构成或可能构成的直接或间接的竞争关系（汤树梅，2004）。我国的同业竞争关系主要源于资本市场建立初期，考虑到上市额度的限制，企业大多选择分拆上市的方式将部分优质资产用来组建上市公司，因而上市公司与其控股股东之间不可避免地存在同业竞争关系。同业竞争关系的存在使得上市公司与其控股股东在相关业务的产品研发、销售渠道、市场占有等方面存在利益冲突，控股股东有动机利用控制与从属关系进行各种内部活动和安排，损害上市公司利益，侵害其他股东权益。随着资本市场的发展，这种上市公司中控股股东与中小股东的代理问题带来的对外部投资者的损害也日益严重。

为保护中小投资者利益，维护资本市场健康有序发展，证监会于2010年初提出了“解决同业竞争减少关联交易”专项活动的具体方案，并及时下发了《关于开展解决同业竞争，减少关联交易，进一步提高上市公司独立性工作的通知》，试图解决同业竞争关系对资本市场发展的阻碍。在此政策下，许多存在同业竞争关系的上市公司纷纷发布公告，承诺在一定期限

① 原文发表于2018年第4期的《经济与管理研究》（原文作者为窦欢、曾建光和王鹏），这里有所改动。

内解决同业竞争问题。由此可见，同业竞争问题已成为监管机构的重点监察对象。

现有文献主要探讨同业竞争问题的形成及其解决方式（杨朝军等，2011；梁胜，2011），鲜有文献明确针对同业竞争问题如何损害上市公司利益进行实证检验。陆正飞和王鹏（2013）的研究发现，当存在向上操纵盈余的动机时，控股股东会利用同业竞争关系向上市公司进行利益输送，进而达到盈余管理的目的。然而，控股股东滥用控制权掏空上市公司，直接损害中小投资者利益的事件层出不穷（刘峰等，2004；刘峰等，2007；贺建刚等，2008；贺建刚等，2010）。Jiang 等（2010）发现大股东通过对上市公司进行资金占用的方式直接侵害上市公司利益。然而，相对于直接侵占，大股东基于控制权私有利益的追求而产生的非效率财务决策行为，对公司价值和对小股东利益的侵害也十分严重，并且也更值得关注。

由于拥有相同的经营业务范围，控股股东与上市公司之间往往会有各种业务上的往来，形成关联交易。Jian 和 Wong（2010）的研究发现控股股东会运用关联的销售交易将利润向上市公司转移，使上市公司达到某些特定目标。然而，在控股股东达到支持上市公司的目的后，上市公司又会将资金转移给控股股东。这种情况在国有上市公司和经济监管弱的地区更加严重。Peng 等（2011）发现在上市公司财务状况健康的情况下，控股股东会利用关联交易掏空上市公司。由于同业竞争关系的存在为控股股东的掏空或者支持行为提供了一条隐蔽路径，这使得外部中小投资者的利益极易受到损害。因此，我们拟考察在存在同业竞争关系的情况下，控股股东与中小股东之间的代理问题是否会引起效率的损失，即控股股东利用控制权损害上市公司的利益，进而使外部中小投资者利益受损。

我们利用 2007—2010 年 A 股主板上市公司的样本，通过手工搜集同业竞争的数据，考察同业竞争关系对上市公司投资效率的影响。结果显示，存在同业竞争关系的上市公司投资效率显著低于不存在同业竞争关系的上市公司。在区分过度投资与投资不足后，同业竞争关系的存在不仅与过度投资正相关，也与投资不足正相关。进一步地，我们考察机构投资者的治理作用。结果显示，机构投资者能够有效缓解同业竞争关系带来的上市公司非效率投资，且这种积极效应主要作用在过度投资问题上，支持机构投资者能够对大股东追求控制权私利进行有效监督的假设。

与以往研究相比，我们的贡献可能有以下几点。第一，我们的结果发现同业竞争关系确实会导致上市公司的非效率投资问题，损害上市公司的利益，进而使外部中小投资者权益受损。我们的研究结果为我国证监会致力于解决同业竞争问题，提高投资者保护环境及保障资本市场健康发展提供了有力的实证证据。第二，我们的研究也丰富了投资效率相关的文献。以往研究（陈运森和谢德仁，2011）多着重在独立上市公司的非效率投资问题，我们则更关注控股股东与上市公司的交互关系所引致的非效率问题。在同业竞争关系存在的情况下，控股股东更加易于通过隐蔽手段达到控制上市公司的目的，其中表现为大股东为追求自身控制权私利而采取的非效率财务决策，导致上市公司出现非效率投资问题，尤其表现为上市公司的过度投资。第三，我们的研究还丰富了公司治理方面的文献。与以往研究（Ferreira and Matos，2008；叶松勤和徐经长，2013）一致，我们的研究结果也发现机构投资者的存在能够有效监督控股股东对上市公司的非效率财务决策行为，在一定程度上缓解了上市公司的过度投资问题。因此，机构投资者确实可以发挥治理作用，尤其在监督大股东与中小股东的代理问题方面。

我们其余部分的研究结构安排如下：第 2 部分为文献综述与研究假说的提出；第 3 部分为研究设计、样本选取与描述性统计；第 4 部分报告实证结果；第 5 部分为研究结论。

5.2　文献回顾与研究假设

5.2.1　制度背景

在我国资本市场发展初期，股票市场的投资者无论是数量还是资金量都很小，导致资本市场的容量并不大，同时为了以渐进试验的方式推进资本市场的建立，监管部门对企业的上市采取审批制，对每个地区分配一定的额度。由于“量的限制”和“质的制约”，公司在分拆上市时大都选择部分优质资产组成上市公司。因此，这就不可避免地带来上市公司与母公司其他部分的同业竞争和关联交易（杨朝军等，2011）。近年来，大股东利用控制权掏空上市公司进行利益输送的情况不断发生，上市公司大量的违规担保、母公司占款等情形也屡屡出现，严重损害了中小投资者的利益。因此，为了资本市场的健康发展，解决同业竞争问题，规范上市公司的行为显得尤为重要。

现有的处理同业竞争问题的方式主要有四种：监督与承诺、托管与租赁、资产重组和整体上市。前两种方式被认为是过渡时期的临时手段，因为监督与承诺方式仅仅起到约束大股东的行为，而未能在实质上解决同业竞争问题，托管与租赁方式虽较监督与承诺方式更好地解决了同业竞争问题，但仍不够彻底。资产重组和整体上市被认为是解决同业竞争问题的有效方式，但在实际操作过程中却面临很多困难和挑战，如产权的不明晰导致无法对某些资产进行处置，无法实现整体上市等。由此看来，同业竞争问题并不能立即得到解决。因此，应该如何缓解或消除同业竞争带来的效率损失，是一个非常值得研究的课题。

5.2.2 相关文献回顾与研究假设

（1）同业竞争与投资决策。

投资决策是公司财务行为中非常重要的决策内容之一。财务理论中指出，如果一个投资项目的净现金流量为正，那么公司在资金允许的情况下就应该投资这个项目。然而，由于各种内外部因素，如资本市场的外部摩擦导致公司未能融到足够资金（Stiglitz and Weiss，1981），股东与管理者之间的利益不一致（Jensen and Meckling，1986）等，都会导致公司出现非效率投资。Vogt（1994）和 Richardson（2006）发现管理者会对自由现金流进行滥用，导致过度投资。Hart 和 Moore（1995）发现经理具有建造“企业帝国”的投资动机。Malmendier 和 Tate（2005）的研究表明管理者过度自信也会影响公司的投资决策。辛清泉等（2007）从上市公司性质的角度，对经理薪酬如何影响公司投资进行了检验，结果发现当薪酬契约无法对经理的工作努力和经营才能作出补偿和激励时，地方政府控制的上市公司存在着因薪酬契约失效导致的投资过度现象。钟海燕等（2010）的研究从政府干预与内部人控制的相对大小方面对自由现金流的过度投资进行检验。李万福等（2011）考察了内部控制对投资效率的作用，发现内控缺陷更多的公司，其之于非效率投资的影响更加严重。窦欢等（2014）则在企业集团框架下检验上市公司的过度投资行为，结果发现隶属于企业集团的上市公司的自由现金流过度投资程度更加严重，他们推断其可能原因是子公司管理层向母公司的寻租行为。

我们所检验的同业竞争关系主要是引发上市公司的控股股东与中小股东的代理问题：控股股东利用其控制力，影响上市公司与其关联企业之间的竞争，从而导致上市公司与其关联企业之间的利益转移。然而，与关联交易和大股东占款不同，同业竞争关系引发的利益转移发生在竞争过程之中，具有较强的隐蔽性。已有文献指出，大股东对上市公司究竟是采取“掏空”还是“支持”行为，主要取决于特定的状态和约束条件（Friedman 等，2003；Peng 等，2011）。侯晓红等（2008）的研究发现上市公司的盈余能力不同，大股东的占款行为会发生变化。然而在我国，由于历史遗留问题和法律监管方面的不足，大股东对上市公司的行为更多地表现为利益侵占。按照 Johnson 等（2000）的讨论，由于大股东与中小股东之间的代理问题，大股东倾向于利用自己的控制权，通过隐蔽手段从上市公司中转移资源，从而造成对中小股东的侵害。大股东利益侵占的方式主要有两种：第一种方式是大股东可以通过关联交易转移公司资源，从而为自己谋取利益，其范围从完全的偷窃、欺诈到资产买卖、价格转移、贷款担保和占有原本属于公众公司的投资机会等；第二种方式是控股股东可以通过稀释性股票发行、挤出小股东、内幕交易、暗中收购或者其他金融交易来对小股东实施各种歧视性待遇，以达到为自身谋取最大化利益的最终目标。刘峰等（2004）借用五粮液集团的案例，分析并论证了我国资本市场上大股东通过利益输送侵害中小股东利益行为的现象。他们不仅研究了控股股东的掏空效应，并且分析了控股股东属性对其掏空的影响。李增泉等（2005）的研究则表明上市公司对非上市公司的购并行为是地方政府和控股股东“掏空”或“支持”上市公司的一种手段。Cheung 等（2006）发现控股股东常常利用关联交易进行利益输送，Jiang 等（2010）指出占用上市公司资金是大股东掏空上市公司的主要手段。

陆正飞和王鹏（2013）首次实证检验了同业竞争关系对上市公司的支持作用。他们发现，在上市公司具有盈余管理动机时，控股股东能够通过同业竞争关系向上市公司输送利益，以达到避免亏损等目的。然而，上市公司并不总是处于盈亏边缘。在一般情况下，同业竞争关系又会对上市公司产生什么影响呢？基于此，我们拟考察在同业竞争关系存在的情况下，控股股东是否会利用控制权影响上市公司的投资决策，引发非必要的效率损失。由于控股股东与上市公司之间拥有相同的业务范围，往往会发生很多业务往来，形成关联交易。尽管目前的年报中会对关联交易进行较为详细的披露，但是业务必须性及交易价格等资料却不得而知。由于控股股东掌握着上市公司的控制权，对上市公司的投资决策有着决定权，很可能通过看似合理的关联交易向上市公司输送利益或者进行掏空，这其中很可能发生非必要的效率损失。另外，由于控股股东与中小股东之间的代理问题，我们相信控股股东有能力且有动机对上市公司的财务决策行为进行操控，影响上市公司的投资效率，如为了自身控制权私利趋向于过度投资，或是侵占上市公司的投资机会导致投资不足。因此，我们提出假设 H1。

H1：存在同业竞争关系的上市公司比不存在同业竞争关系的上市公司投资效率低。

（2）公司治理机制对掏空行为的影响。

由于大股东的掏空行为严重损害了中小投资者的利益，阻碍了资本市场的健康发展，因此如何缓解并消除大股东的此种代理行为成为学术讨论的热点。不少学者认为公司治理机制能够在一定程度上削弱大股东对上市公司的掏空行为，并进行了很多研究。高雷等（2006）对公司治理结构如何影响大股东的掏空行为进行了研究，结果发现管理者持股与基金持股能够有效抑制控股股东的掏空行为，同时外部的信息披露透明度和投资者保护也具有相同的作用。申明浩（2008）对家族企业进行研究，发现总经理持股比例与隧道行为强度呈现 U 型关系，存在“监管激励效应”及“合谋掏空效应”，而独立董事未能发挥应有的治理作用。叶康涛等（2007）在控制了独立董事变量的内生性后，发现独立董事确实能够在一定程度上抑制大股东的掏空行为。Biddle 等（2009）和 Chen 等（2011）均发现公司年报质量能够有效削弱非效率投资。郑国坚等（2013）提出在大股东具有明显的掏空动机时，大股东非法占用上市公司资金的掏空行为更为明显。而此时法制监管的治理作用非常明显，且不受其他治理因素的影响，外部审计、大股东所有权和董事持股只能在一定范围内发挥作用，其他治理机制（其他股东制衡和独立董事比例等）均未奏效。

基于同业竞争可能引发的控股股东对中小股东利益的侵占，如何制约大股东肆意滥用控制权满足自身私利十分重要。已有文献指出，由于具有专业能力和资源优势，机构投资者能够有效发挥积极监督大股东的作用（Shleifer and Vishny，1986；Mitra and Cready，2005；Chen，Harford and Li，2007）。Khorana，Servaes 和 Tufano（2005）认为机构投资者不仅能在成熟市场上发挥治理作用，也在新兴资本市场上扮演越来越重要的角色。Ferreira 和 Matos（2008）从全球视角对机构投资者进行了考察，结果发现机构投资者可以有效监督其投资的公司。Hartzell 等（2014）基于房地产投资信托的研究发现，机构投资者的比例与公司多元化折价之间存在负相关关系，尤其当机构投资者为积极的监督者时。我国学者的研究也发现机构投资者不仅可以抑制公司的盈余管理行为（程书强，2006；薄仙慧和吴联生，2009），还可以积极改善上市公司的治理水平（李维安和李滨，2008），进而提升公司绩效和公司价值（石美娟和童卫华，2009）。叶松勤和徐经长（2013）的研究发现机构投资者扮演着“积极投资者”的角色，在一定程度上抑制了大股东的“掏空”行为。因此，我们认为机构投资者可以起到监督大股东，抑制其追求控制权私利的作用，进而得到假设 H2。

H2：机构投资者持股比例能够抑制大股东对上市公司的操控行为，提高上市公司投资效率。

5.3 研究设计和数据来源

5.3.1 研究设计

（1）被解释变量——投资效率指标的估计。

我们借鉴 Richardson（2006）的模型估计企业正常的投资水平。模型（5-1）如下所示：

$$Inv_{i,t} = \alpha_0 + \beta_1 Asset_{i,t-1} + \beta_2 Lev_{i,t-1} + \beta_3 Growth_{i,t-1} + \beta_4 \mathrm{Ret}_{i,t-1} + \beta_5 Age_{i,t-1} + \beta_6 Acash_{i,t-1} + \beta_7 Inv_{i,t-1} + \sum yeardummy + \sum industrydummy + \varepsilon_{i,t} \quad (5-1)$$

其中，因变量 $Inv_{i,t}$ 表示公司 i 第 t 年的实际新增投资支出；自变量为公司期初规模（*Asset*）、杠杆（*Lev*）、成长性（*Growth*）、市场业绩（*Ret*）、公司年龄（*Age*）、现金持有水平（*Acash*）及滞后一期投资水平（*Inv*）的变量，并控制年度和行业固定效应。以上变量的具体计算与定义可详见表 5-1。通过对模型（5-1）进行回归，估计得到企业投资水平的估计值，即为企业的正常投资水平，由此得到的残差大小即代表企业偏离正常投资水平的程度。由于我们的研究重点为上市公司投资效率，因此将模型（5-1）回归得到的残差通过采用 Student-t 检验进行标准化调整，取绝对值作为衡量投资效率的变量，定义为 *AbsInv*；将残差大于 0 作为过度投资组，定义为 *OverInv*；将残差小于 0 作为投资不足组，定义为 *UnderInv*。

（2）解释变量——同业竞争关系。

一般文献所指的同业竞争关系是指上市公司所从事的业务与其控股股东（包括绝对控制与相对控制）、实际控制人及其所控制的企业所从事的业务相同或近似，双方构成或可能构成直接或间接的竞争关系。我们定义上市公司是否存在同业竞争关系时，主要是考察控股股东下属除上市公司以外，是否还控制着与上市公司从事相同或类似业务的其他子公司或分公司。判断是否同业的标准，主要是观察对比的公司是否存在相同或类似的产品与服务。上市公司的产品与服务类型数据主要是来自 CCER 数据库中的上市公司主营业务产品和行业分布数据库，在判断出上市公司产品与服务的基础上，查找上市公司的控股股东的主页或者上市公司年报，查看控股股东控制的其他子公司或分公司是否存在相同或类似的产品或服务。如果有，则认为控股股东与上市公司之间存在同业竞争关系；反之，则认为控股股东与上市公司之间不存在同业竞争关系。

表 5-1 变量定义与计算

变量类型	变量代码	变量定义
被解释变量	*Inv*	投资水平，计算方式为：（构建固定资产、无形资产和其他长期资产支付的现金-处置固定资产、无形资产和其他长期资产收回的现金净额）/总资产
	AbsInv	投资效率，使用 Richardson（2006）的模型进行回归，将残差使用 student-t 检验进行标准化
	OverInv	过度投资，使用 Richardson（2006）的模型进行回归，使用残差大于 0 的部分
	UnderInv	投资不足，使用 Richardson（2006）的模型进行回归，使用残差小于 0 的部分
解释变量	*Indus*	如果上市公司存在同业竞争关系，定义为 1，否则为 0
	Instshare	机构投资者持股比例
	State	实际控制人的虚拟变量。国有性质定义为 1，否则为 0
控制变量	*Size*	公司规模，总资产的自然对数
	Lev	负债率，总负债/总资产
	Growth	销售收入增长率
	Ret	市场回报波动率，第 t 年 5 月至第 t+1 年 4 月的累积回报率的标准差
	Age	公司年龄，财务报告年度与 IPO 年度之间的年限
	ACash	现金比率，（现金+短期投资或交易性金融资产）/总资产
	Roa	盈利能力，净利润/总资产
	Tunnel	大股东占款，其他应收款/总资产
	Mino	少数股东权益，少数股东权益/所有者权益
	Stdret	市场回报标准差
	Mb	市值账面比，市场价值/账面价值

（3）研究模型。

借鉴研究投资效率的同类文献（Richardson et al.，2006；辛清泉等，2007；陈运森和谢德仁，2011；张会丽和陆正飞；2012），设定如下模型（5-2）对假设 H1 进行检验：

$$\begin{aligned} AbsInv_{i,t} = & \alpha_0 + \delta_1 Indus_{i,t} + \beta_1 State_{i,t} + \beta_2 Instshare_{i,t} + \beta_3 Acash_{i,t} + \beta_4 Stdret_{i,t} \\ & + \beta_5 Mino_{i,t} + \beta_6 Tunnel_{i,t} + \beta_7 MB_{i,t} + \beta_8 Age_{i,t} + \beta_9 Growth_{i,t} \\ & + \beta_{10} Roa_{i,t} + \beta_{11} Lev_{i,t} + \beta_{12} Size_{i,t} \\ & + \sum yeardummy + \sum industrydummy + \varepsilon_{i,t} \end{aligned} \quad (5-2)$$

其中，因变量 $AbsInv_{i,t}$ 表示公司 i 第 t 年非效率投资水平；自变量为公司是否存在同业竞争关系（*Indus*）、国有控股与否（*State*）、机构投资者持股比例（*Instshare*）、现金持有水平（*Acash*）、市场回报的标准差（*Stdret*）、少数股东权益（*Mino*）、大股东占款（*Tunnel*）、市账比（*MB*）、公司年龄（*Age*）、成长性（*Growth*）、盈利能力（*Roa*）、杠杆（*Lev*）、公司规模（*Size*），并控制年度和行业固定效应。以上变量的具体计算与定义可详见表 5-1。

为进一步考察公司治理机制对大股东的监督作用，借鉴有关文献，我们设定如下模型（5-3）对假设 H2 进行检验：

$$\begin{aligned} AbsInv_{i,t} = & \alpha_0 + \delta_1 Indus_{i,t} + \delta_2 Indus_{i,t} \times Instshare_{i,t} + \beta_1 State_{i,t} + \beta_2 Instshare_{i,t} \\ & + \beta_3 Acash_{i,t} + \beta_4 Stdret_{i,t} + \beta_5 Mino_{i,t} + \beta_6 Tunnel_{i,t} + + \beta_7 MB_{i,t} \\ & + \beta_8 Age_{i,t} + \beta_9 Growth_{i,t} + \beta_{10} Roa_{i,t} + \beta_{11} Lev_{i,t} + \beta_{12} Size_{i,t} \\ & + \sum yeardummy + \sum industrydummy + \varepsilon_{i,t} \end{aligned} \quad (5-3)$$

其中，因变量 $AbsInv_{i,t}$ 表示公司 i 第 t 年非效率投资水平；自变量为公司是否存在同业竞争关系（*Indus*）、国有控股与否（*State*）、机构投资者持股比例（*Instshare*）、现金持有水平（*Acash*）、市场回报的标准差（*Stdret*）、少数股东权益（*Mino*）、大股东占款（*Tunnel*）、市账比（*MB*）、公司年龄（*Age*）、成长性（*Growth*）、盈利能力（*Roa*）、杠杆（*Lev*）、公司规模（*Size*），并控制年度和行业固定效应。以上变量的具体计算与定义可详见表 5-1。

5.3.2 数据来源与样本选取

我们选取 2007—2010 年中国资本市场上 A 股主板上市公司①的数据作为

① 考虑到以往文献提到的中小板和创业板与主板之间的异质性，为获得更加稳健的研究结论，我们剔除了中小板和创业板公司。

研究样本。同业竞争数据通过手工收集获得，其他财务数据和机构投资者持股比例来自 CSMAR、Wind 数据库。根据以往文献的一般做法，我们剔除了金融类公司，还对相关财务变量缺失的样本进行了剔除。最终，我们得到的回归样本为 3122 个。为保证结果不受异常值的影响，我们还对所有连续变量进行 1%~99% winsorize 处理。

5. 4　描述性统计与实证结果分析

5. 4. 1　描述性统计与相关性分析

表 5-2 的结果显示，*AbsInv* 的均值为 0. 498，中位数为 0. 330，说明非效率投资的情况在我国上市公司中还是非常普遍的。*Indus* 的均值为 0. 617，说明在样本中有 61. 7%的公司存在同业竞争的情况，占据相当大的比重，这也凸显了我们研究的必要性。

表 5-2　主要变量描述性统计

变量	均值	中位数	标准偏差	最大值	最小值	N
AbsInv	0. 498	0. 330	0. 565	3. 502	0. 005	3122
Indus	0. 617	1. 000	0. 486	1. 000	0. 000	3122
State	0. 765	1. 000	0. 424	1. 000	0. 000	3122
Instshare	0. 331	0. 295	0. 243	0. 870	0. 000	3122
ACash	0. 135	0. 111	0. 108	0. 524	0. 000	3122
Stdret	0. 081	0. 079	0. 022	0. 152	0. 039	3122
Mino	0. 092	0. 056	0. 109	0. 509	-0. 106	3122
Tunnel	0. 023	0. 011	0. 034	0. 220	0. 000	3122
MB	0. 083	0. 062	0. 098	1. 007	0. 008	3122
Age	2. 362	2. 398	0. 390	2. 944	1. 099	3122
Growth	0. 182	0. 135	0. 414	2. 628	-0. 711	3122
Roa	0. 033	0. 033	0. 068	0. 226	-0. 315	3122
Lev	0. 546	0. 545	0. 221	1. 644	0. 086	3122
Size	21. 980	21. 847	1. 246	25. 388	18. 814	3122

注：*** 、** 、* 分别表示在 1%、5%、10%的水平上显著（双尾检验）。

表 5-3 两样本（同业竞争组与非同业竞争组）差异检验

变量	*Indus* = 0（*n* = 1196）		*Indus* = 1（*n* = 1926）		Difference		Test of difference	
	均值（a）	中位数（b）	均值（c）	中位数（d）	c-a	d-b	*t*-value	*z*-value
AbsInv	0.470	0.314	0.516	0.340	0.045	0.026	2.24**	1.929*
State	0.717	1.000	0.795	1.000	0.078	0.000	4.91***	5.02***
Instshare	0.322	0.285	0.337	0.305	0.015	0.019	1.68*	1.62
ACash	0.135	0.108	0.136	0.112	0.000	0.003	0.09	0.03
Stdret	0.080	0.079	0.081	0.080	0.001	0.001	1.41	1.13
Mino	0.079	0.045	0.100	0.062	0.020	0.017	5.28***	5.08***
Tunnel	0.024	0.012	0.023	0.011	-0.001	0.000	-0.70	0.10
MB	0.087	0.066	0.081	0.060	-0.005	-0.005	-1.46	-2.28**
Age	2.314	2.398	2.392	2.485	0.077	0.087	5.32***	5.35***
Growth	0.180	0.139	0.183	0.132	0.003	-0.007	0.18	-0.57
Roa	0.035	0.035	0.032	0.032	-0.003	-0.002	-1.35	-1.73*
Lev	0.531	0.530	0.556	0.559	0.026	0.029	3.21***	3.36***
Size	21.883	21.735	22.041	21.929	0.158	0.194	3.50***	4.20***

注：***、**、*分别表示在1%、5%、10%的水平上显著（双尾检验）。

表 5-3 是对有同业竞争关系组与非同业竞争关系组的比较，结果显示有同业竞争关系组的上市公司投资效率要低于没有同业竞争关系组，初步支持了我们提出的假设 H1。另外，描述性统计结果还显示，有同业竞争关系组的上市公司多为国有上市公司，且具有机构投资者持股比例较高，少数股东权益比例较高，市值账面比较低，上市年限较长，资产负债率较高，公司规模较大等特点。

表 5-4 是主要变量的相关系数表，*Indus* 与 *AbsInv* 分别在 5%（pearson 相关检验）和 10%（spearman 相关检验）的水平上显著正相关，即同业竞争关系的存在使得上市公司的非效率投资情况更为严重，这与我们的理论分析相符，也初步验证了假设 H1。

表 5-4　主要变量的相关系数

变量	(1)	(2)	(3)	(4)	(5)	(6)	(7)	(8)	(9)	(10)	(11	(12)	(13)	(14)
(1) AbsInv	1. 0000	0. 0345 *	0. 0117	0. 0401 **	-0. 0920 ***	-0. 0281	-0. 0388 **	-0. 0758 ***	0. 0020	-0. 0684 ***	0. 0341 *	-0. 0282	-0. 0013	0. 0311 *
(2) Indus	0. 0391 **	1. 0000	0. 0898 ***	0. 0289	0. 0005	0. 0202	0. 0908 ***	0. 0018	-0. 0409 **	0. 0957 ***	-0. 0103	-0. 0310 *	0. 0602 ***	0. 0752 ***
(3) State	0. 0025	0. 0898 ***	1. 0000	0. 1225 ***	-0. 0117	-0. 0509 ***	0. 0212	-0. 1086 ***	-0. 0096	0. 0241	0. 0140	-0. 0508 ***	0. 0253	0. 1973 ***
(4) Instshare	0. 0218	0. 0301 *	0. 1213 ***	1. 0000	0. 1609 ***	-0. 3329 ***	0. 0908 ***	-0. 1721 ***	-0. 1152 ***	0. 0156	0. 1682 ***	0. 3260 ***	-0. 0284	0. 3857 ***
(5) ACash	-0. 0896 ***	0. 0015	-0. 0325 *	0. 1557 ***	1. 0000	-0. 0894 ***	0. 0366 **	0. 0180	0. 0236	0. 0285	0. 0429 **	0. 2400 ***	-0. 2684 ***	-0. 0560 ***
(6) Stdret	0. 0025	0. 0253	-0. 0591 ***	-0. 3231 ***	-0. 1007 ***	1. 0000	0. 0247	0. 1722 ***	0. 0290	-0. 1715 ***	-0. 0631 ***	-0. 1490 ***	0. 0554 ***	-0. 2212 ***
(7) Mino	-0. 0069	0. 0914	0. 0183	0. 0522 ***	-0. 0345 *	0. 0287	1. 0000	0. 0758 ***	-0. 0859 ***	0. 0044	0. 0791 ***	0. 0459 **	0. 1722 ***	0. 2183 ***
(8) Tunnel	-0. 0243	-0. 0127	-0. 1419 ***	-0. 1833 ***	-0. 0572 ***	0. 1493 ***	-0. 0154	1. 0000	0. 1881 ***	0. 0869 ***	-0. 0571 ***	-0. 1660 ***	0. 1599 ***	-0. 2039 ***
(9) MB	0. 0348 *	-0. 0267	-0. 0914 ***	-0. 1263 ***	-0. 0002	0. 0446 **	-0. 1106 ***	0. 2361 ***	1. 0000	0. 1260 ***	-0. 2525 ***	-0. 0947 ***	-0. 2235 ***	-0. 4007 ***
(10) Age	-0. 0311 *	0. 0964 ***	0. 0019	-0. 0171	0. 0046	-0. 1136 ***	0. 0357 **	0. 0765 ***	0. 1160 ***	1. 0000	-0. 0663 ***	-0. 0537 ***	0. 0736 ***	-0. 0518 ***
(11) Growth	0. 0471 ***	0. 0032	-0. 0142	0. 1007 ***	0. 0298 *	-0. 0093	0. 0624 ***	-0. 0375 **	-0. 2137 ***	-0. 0264	1. 0000	0. 3002 ***	0. 0763 ***	0. 2034 ***
(12) Roa	-0. 0694 ***	-0. 0241	-0. 0257	0. 2986 ***	0. 2046 ***	-0. 1436 ***	0. 0176	-0. 1636 ***	-0. 1992 ***	-0. 0688 ***	0. 2201 ***	1. 0000	-0. 3724 ***	0. 1837 ***
(13) Lev	0. 0171	0. 0563 ***	-0. 0183	-0. 0610 ***	-0. 2942 ***	0. 0726 ***	0. 1324 ***	0. 1870 ***	0. 0113	0. 0903 ***	0. 0303 *	-0. 3617 ***	1. 0000	0. 2194 ***
(14) Size	-0. 0008	0. 0615 ***	0. 2147 ***	0. 3876 ***	-0. 0959 ***	-0. 2411 ***	0. 1660 ***	-0. 2029 ***	-0. 3347 ***	-0. 1490 ***	0. 1390 ***	0. 1914 ***	0. 1097 ***	1. 0000

注：右上方为 Spearman 相关系数，左下方为 Pearson 相关系数。***、**、* 分别表示在 1%、5%和 10%的水平上显著。

5.4.2 实证结果分析

表 5-5 同业竞争关系与上市公司投资效率

变量	(1) 因变量：*AbsInv*		(2) 因变量：*OverInv*		(3) 因变量：*UnderInv*	
	Coefficient	p-value	Coefficient	p-value	Coefficient	p-value
Constant	1.115***	<.0001	0.877**	0.024	1.425***	<.0001
Indus	0.063***	0.002	0.074**	0.022	0.046*	0.063
State	-0.029	0.230	-0.040	0.312	-0.017	0.574
Instshare	0.161***	0.001	0.164	0.056	0.135**	0.017
ACash	-0.357***	0.000	-0.856***	<.0001	-0.022	0.853
Stdret	-0.212	0.701	-0.145	0.875	-0.552	0.403
Mino	0.023	0.834	0.100	0.542	-0.073	0.605
Tunnel	-0.602*	0.065	-1.858***	0.000	0.515	0.229
MB	0.291**	0.039	0.516**	0.047	0.025	0.860
Age	-0.030	0.256	-0.047	0.268	-0.017	0.576
Growth	0.102***	0.002	0.289***	<.0001	-0.075**	0.016
Roa	-0.794***	0.000	-0.605**	0.033	-1.000***	0.002
Lev	-0.058	0.317	-0.044	0.594	-0.140*	0.086
Size	-0.026***	0.006	-0.011	0.499	-0.040***	0.001
Year	控制		控制		控制	
Industry	控制		控制		控制	
F-value	6.35***		4.77***		4.07***	
R-Square	0.0503		0.0966		0.0724	
N	3122		1462		1660	

注：***、**、* 分别表示在 1%、5%、10%的水平上显著。借鉴 Peterson（2009）的研究，我们在回归中在公司—年度两个维度上同时做了聚类异方差调整。

表 5-5 的回归结果显示，第（1）列中的 *Indus* 的符号显著为正，且在 1%的水平上显著（t 值为 3.10），表明同业竞争关系的存在确实导致上市公司的非效率投资。第（2）列和第（3）列中则分别列示了同业竞争关系与过度投资、投资不足之间的关系，*Indus* 的符号显著为正，并分别在 5%和 10%的水平上显著。以上结果均表明，同业竞争关系的存在降低了上市公司的投资

效率。可能的原因在于，控股股东利用同业竞争关系，通过非正常关联交易等手段隐蔽地影响上市公司的财务决策，致使上市公司偏离正常的投资水平。

作为稳健性检验，我们还剔除了曾经有同业竞争关系但现在没有的样本，对有同业竞争关系组与从来没有同业竞争关系组进行了比较。表 5-6 的回归结果显示，不管是总体投资效率、过度投资还是投资不足，*Indus* 的符号均显著为正，且分别在 1%、5%和 10%的水平上显著，此结果也进一步支持我们的假设 H1。

表 5-6　同业竞争关系与上市公司投资效率（稳健性检验）

变量	（1）因变量：*AbsInv*		（2）因变量：*OverInv*		（3）因变量：*UnderInv*	
	Coefficient	p-value	Coefficient	p-value	Coefficient	p-value
Constant	1. 157 ***	<. 0001	0. 877 **	0. 026	1. 503 ***	<. 0001
Indus	0. 061 ***	0. 003	0. 073 **	0. 026	0. 047 *	0. 066
State	−0. 028	0. 249	−0. 038	0. 349	−0. 019	0. 532
Instshare	0. 150 ***	0. 003	0. 148 *	0. 080	0. 138 **	0. 017
ACash	−0. 353 ***	0. 000	−0. 847 ***	<. 0001	−0. 026	0. 832
Stdret	−0. 215	0. 701	−0. 117	0. 900	−0. 606	0. 366
Mino	0. 031	0. 783	0. 126	0. 451	−0. 077	0. 589
Tunnel	−0. 596 *	0. 079	−1. 852 ***	0. 000	0. 586	0. 189
MB	0. 288 **	0. 042	0. 524 **	0. 045	0. 008	0. 956
Age	−0. 029	0. 268	−0. 046	0. 279	−0. 020	0. 521
Growth	0. 106 ***	0. 002	0. 293 ***	<. 0001	−0. 086 ***	0. 008
Roa	−0. 813 ***	0. 000	−0. 625 **	0. 031	−1. 021 ***	0. 002
Lev	−0. 055	0. 347	−0. 047	0. 576	−0. 135	0. 105
Size	−0. 028 ***	0. 004	−0. 011	0. 477	−0. 043 ***	0. 001
Year	控制		控制		控制	
Industry	控制		控制		控制	
F-value	6. 26 ***		4. 68 ***		4. 03 ***	
R-Square	0. 0520		0. 0986		0. 0758	
N	3051		1433		1618	

注：*** 、** 、* 分别表示在 1%、5%、10%的水平上显著。借鉴 Peterson（2009）的研究，我们在回归中在公司—年度两个维度上同时做了聚类异方差调整。

进一步地，我们考察机构投资者持股比例对同业竞争关系所导致的非效率投资的治理效果。表 5-7 的回归结果显示，第（1）列中的 *Indus*×*Instshare* 的符号显著为负，且在 5%的水平上显著（*t* 值为 1.96），表明机构投资者持股比例确实能在一定程度上缓解同业竞争关系导致的上市公司非效率投资。第（2）列中 *Indus*×*Instshare* 的符号显著为负，说明机构投资者持股比例对同业竞争关系导致的过度投资有积极影响。遗憾的是，第（3）列中 *Indus*×*Instshare* 的符号不显著，而且 *Indus* 的符号也不显著。这可能是由于控股股东导致的上市公司非效率投资往往是过度投资，而非投资不足。总的来说，以上结果也支持我们的假设 H2，即机构投资者可以发挥积极治理的作用，缓解控股股东与中小股东之间的代理问题，降低上市公司的非效率投资，尤其是上市公司的过度投资行为。

表 5-7　机构投资者比例对同业竞争关系与上市公司投资效率的影响

变量	（1）因变量：*AbsInv*		（2）因变量：*OverInv*		（3）因变量：*UnderInv*	
	Coefficient	p-value	Coefficient	p-value	Coefficient	p-value
Constant	1.073***	<.0001	0.782**	0.045	1.444***	<.0001
Indus	0.119***	0.001	0.216***	<.0001	0.025	0.556
Indus×*Instshare*	−0.171**	0.050	−0.426***	0.004	0.066	0.500
State	−0.031	0.198	−0.047	0.237	−0.017	0.588
Instshare	0.268***	0.000	0.432***	0.001	0.093	0.229
ACash	−0.355***	0.000	−0.838***	<.0001	−0.023	0.852
Stdret	−0.220	0.690	−0.165	0.856	−0.551	0.404
Mino	0.023	0.838	0.099	0.543	−0.073	0.606
Tunnel	−0.594*	0.069	−1.811***	0.000	0.516	0.228
MB	0.286**	0.043	0.501*	0.055	0.025	0.856
Age	−0.030	0.247	−0.049	0.247	−0.017	0.579
Growth	0.102***	0.002	0.290***	<.0001	−0.075**	0.017
Roa	−0.814***	0.000	−0.665**	0.020	−0.994***	0.002
Lev	−0.057	0.323	−0.055	0.503	−0.142*	0.082
Size	−0.026***	0.007	−0.010	0.540	−0.041***	0.001

续表

变量	(1) 因变量：*AbsInv*		(2) 因变量：*OverInv*		(3) 因变量：*UnderInv*	
	Coefficient	p-value	Coefficient	p-value	Coefficient	p-value
Year	控制		控制		控制	
Industry	控制		控制		控制	
F-value	6. 39***		5. 04***		3. 95***	
R-Square	0. 0516		0. 1023		0. 0727	
N	3122		1462		1660	

注：***、**、*分别表示在1%、5%、10%的水平上显著。借鉴 Peterson（2009）的研究，我们在回归中在公司—年度两个维度上同时做了聚类异方差调整。

表 5-8 机构投资者比例对同业竞争关系与上市公司投资效率的影响（稳健性检验）

变量	(1) 因变量：*AbsInv*		(2) 因变量：*OverInv*		(3) 因变量：*UnderInv*	
	Coefficient	p-value	Coefficient	p-value	Coefficient	p-value
Constant	1. 122***	<. 0001	0. 787**	0. 047	1. 531***	<. 0001
Indus	0. 103***	0. 001	0. 200***	0. 000	0. 017	0. 701
Indus×Instshare	-0. 129**	0. 050	-0. 379***	0. 009	0. 093	0. 352
State	-0. 030	0. 198	-0. 043	0. 282	-0. 018	0. 558
Instshare	0. 233***	0. 000	0. 390***	0. 002	0. 079	0. 326
ACash	-0. 351***	0. 000	-0. 833***	<. 0001	-0. 027	0. 826
Stdret	-0. 222	0. 690	-0. 144	0. 876	-0. 605	0. 368
Mino	0. 031	0. 838	0. 123	0. 459	-0. 077	0. 589
Tunnel	-0. 590*	0. 069	-1. 804***	0. 001	0. 588	0. 187
MB	0. 285**	0. 043	0. 512*	0. 052	0. 008	0. 952
Age	-0. 030	0. 247	-0. 048	0. 258	-0. 020	0. 528
Growth	0. 106***	0. 002	0. 295***	<. 0001	-0. 086***	0. 008
Roa	-0. 828***	0. 000	-0. 675**	0. 020	-1. 012***	0. 002
Lev	-0. 055	0. 323	-0. 057	0. 494	-0. 138*	0. 098
Size	-0. 028***	0. 007	-0. 010	0. 522	-0. 044***	0. 001
Year	控制		控制		控制	
Industry	控制		控制		控制	
F-value	6. 39***		5. 04***		3. 95***	
R-Square	0. 0516		0. 1023		0. 0727	
N	3122		1462		1660	

注：***、**、*分别表示在1%、5%、10%的水平上显著。借鉴 Peterson（2009）的研究，我们在回归中在公司—年度两个维度上同时做了聚类异方差调整。

另外，作为稳健性检验，我们也考察了剔除曾经有同业竞争关系但现在没有的样本，回归结果见表 5-8。表 5-8 的结果与表 5-7 的结果类似，也表明机构投资者确实发挥了积极治理的作用，支持我们的假设 H2。

5.4.3 稳健性检验

为了保证我们结果的可靠性，我们还对文中的实证结果进行了多重稳健性测试，具体如下：

（1）根据 Richardson（2006）的做法，采用权益的账面市值比、*Tobin Q* 和盈余与股价之比等分别作为度量成长性的变量，对模型重新进行回归，得到模型的残差。然后按照以上做法，回归得到的结果和以上的结果一致。

（2）根据 Richardson（2006）的做法，在计算得到的残差不进行标准化，重新对模型进行回归，回归得到的结果和以上的结果一致。

（3）由于我国企业上市的特殊背景，同业竞争很可能发生在集团公司内部，同时窦欢等（2014）发现隶属于企业集团上市公司能够得到更多的自由现金流，更易于发生过度投资。基于此，我们增加上市公司是否属于集团公司作为虚拟变量的控制变量，重新对模型进行回归，回归得到的结果和以上的结果一致。

（4）由于公司治理涉及多个方面，我们在模型中增加独立董事占比，是否两职合一等作为公司治理的代理变量，重新对模型进行回归，回归得到的结果和以上的结果一致。

（5）由于投资行为是由管理层来负责的，因此，代理问题是影响投资效率的重要因素之一，因此，我们在模型中另外增加管理层持股比例和管理层薪酬水平作为控制代理问题的代理变量，重新对模型进行回归，回归得到的结果和以上的结果一致。

（6）由于企业同业竞争可能存在内生性问题，据此，我们使用 Heckman（1979）两阶段模型，在第一阶段，设置一系列影响同业竞争的变量，利用模型（5-4）估计被解释变量 Indus（事前选择同业竞争的概率），计算逆米尔斯比率（Inverse Mills Ratio，IMR）；在第二阶段，把第一阶段计算得到的 IMR 值作为控制变量放入到模型（5-2）和模型（5-3）中，重新对模型进行回归，回归得到的结果和以上的结果一致。

$$Indus_{i,t} = \alpha_0 + \beta_1 State_{i,t} + \beta_2 Instshare_{i,t-1} + \beta_3 Acash_{i,t-1} + \beta_4 Group_{i,t-1} + \\ +\beta_5 Mino_{i,t-1} + \beta_6 Tunnel_{i,t-1} + + \beta_7 MB_{i,t-1} + \beta_8 Age_{i,t} + \beta_9 Growth_{i,t-1} \\ +\beta_{10} ROA_{i,t-1} + \beta_{11} Lev_{i,t-1} + \beta_{12} Size_{i,t-1} \\ + \sum year + \sum industry + \varepsilon_{i,t} \quad (5-4)$$

5.5　结论与局限

同业竞争问题一直是影响资本市场健康发展的重要隐患，因此也成为市场监管机构的重点监察对象。虽然大多数上市公司积极响应监管机构号召，声称将尽快解决同业竞争问题并做出相应的承诺，但是由于同业竞争关系的特殊性，解决同业竞争问题还面临着很多困难和挑战，如产权的不明晰导致无法对某些资产进行处置，无法实现整体上市等。由此看来，同业竞争问题并不能得到立即解决。因此对同业竞争关系的研究就显得十分必要。

我们利用 2007—2010 年 A 股主板上市公司的样本，通过手工搜集同业竞争的数据，考察同业竞争关系的存在是否会对上市公司的投资效率产生影响。结果显示，存在同业竞争关系的上市公司投资效率显著低于不存在同业竞争关系的上市公司。在区分过度投资与投资不足后，同业竞争关系的存在不仅与过度投资正相关，也与投资不足正相关。可能的原因在于大股东利用同业竞争关系与上市公司之间进行非正常关联交易，导致上市公司出现非效率投资。进一步地，我们考察机构投资者对大股东控制的治理作用。结果显示，机构投资者能够有效缓解同业竞争关系带来的上市公司非效率投资，且这种积极效应主要作用在过度投资问题上，支持机构投资者能够对大股东追求控制权私利进行有效监督的假设。

我们的贡献可能有以下几点。首先，我们发现同业竞争关系确实会导致上市公司的非效率投资问题，损害上市公司的利益，进而使外部中小投资者权益受到侵占。这为我国证监会致力于解决同业竞争问题，加强投资者保护以及保障资本市场健康发展提供了有力的实践证据。其次，我们也对投资效率相关的文献进行了补充。在同业竞争关系存在的情况下，控股股东更加易于通过隐蔽手段达到控制上市公司的目的，其中表现为大股东为追求自身控制权私利而采取的非效率财务决策，导致上市公司出现非效率投资问题，尤其是上市公司的过度投资。最后，我们还丰富了公司治理方面的文献。与以往研究一致，我们的研究结果也发现机构投资者的存在能够有效监督控股股东对上市公司的非效率财务决策行为，在一定程度上缓解了上市公司的过度投资问题。因此，机构投资者确实可以发挥治理作用，尤其在监督大股东与中小股东的代理问题方面。

需要指出的是，我们可能还存在如下局限：首先，我们使用手工方式进行数据搜集时，可能存在因主观判断导致同业竞争关系确认上的偏差。但是，由于上市公司的控股股东及下属企业的信息没有披露，因此我们无法得到这些企业详细的业务范围及该同业业务的比重，仅能从报告的业务是否交叉判断上市公司是否存在同业竞争关系。其次，由于无法观测到控股股东如何利用同业竞争关系与上市公司之间进行掏空或支持，而只能依靠同业竞争关系对上市公司投资效率的影响进行间接的推论。最后，由于我们所提到的同业竞争关系主要为大股东与中小股东之间的利益冲突，因此我们重点考察机构投资者持股比例对大股东控制的监督作用，而仅对现有文献提到的其他公司治理机制进行补充检验。

第 6 章　金融服务协议、公司治理与上市公司价值

6.1　引言

资金是企业发展的血液，对于企业集团来说更是如此。企业集团通过设立财务公司来实现企业资金的集中管理，不仅可以通过统一调度、管理和运用实现企业集团内资金资源的整合，提高资金使用效率，也可以降低整个集团的财务成本、内部交易成本和融资成本，还可以改进现金流。为此，财务公司需要与企业集团内部成员企业签订相关协议，以便于更好地进行资金的集中管理。但是，对于上市公司来说，财务公司与上市公司签订的金融服务协议属于上市公司与其控股股东下属公司之间的关联交易，极有可能成为大股东侵占中小股东利益的方式（Chueng et al.，2006）。因此，本章拟对关联的金融服务协议进行专门考察。

从理论角度看，已有文献针对企业集团内部的资本市场主要有两派观点。一派观点认为由于信息不对称致使公司从外部融资的成本加大，内部资本市场的资金调配成本远低于外部资金成本，因此内部资本市场的构建可以缓解成员公司的融资约束（Williamson，1975；Myers and Majluf，1984 等），将资金分配给投资机会更好的项目（Stein，1997），提高企业集团各成员公司的效率。另一派观点则认为双重代理问题（Scharfstein and Stein，2000）会导致企业集团内部的资本市场运行无效率，原因可能是子公司管理层向母公司寻租的行为（Scharfstein，1998），或是企业集团内部成员公司之间无效的相互补贴（Shin and Stulz，1998），或是为避免成员企业违约现象发生的资金转移

（Gopalan et al.，2007）。Fan 等（2008）对我国的研究发现，我国企业集团的内部资本市场不仅是无效的，而且还被异化为控股股东的掏空渠道。因此，签订《金融服务协议》构建企业集团的内部资本市场的行为是否有效还需要进行进一步分析。

从实务角度来看，Jiang 等（2010）指出大股东占用上市公司资金的行为严重损害了中小股东的利益。在 2006 年，证监会等监管机构出台了一系列规则用以规范大股东的资金占用，并对占用大股东资金的上市公司进行了严厉处罚。Jiang 等（2014）发现在监管者对大股东占款采取措施之后，资金占用问题得到了明显改善。这说明，以往的大股东直接侵占方式受到了一定抑制。本章所涉及的《金融服务协议》则可能成为大股东占用上市公司资金的新渠道，因此对《金融服务协议》进行研究很有必要。

中外运空运发展股份有限公司（股票代码：600270，以下简称“外运发展”）拟与其关联的中外运长航财务有限公司签订金融服务协议，在 2011 年 7 月 19 日得到控股股东中国外运股份有限公司（香港上市，股票代码：00598，以下简称“中国外运”）批准，并在 2011 年 8 月 18 日举办的第四次临时股东大会上审议通过。然而，2011 年 9 月 30 日召开的中国外运第一次临时股东大会未批准其与财务公司签署《金融服务协议》项下的“存款服务及截至 2011 年、2012 年及 2013 年 12 月 31 日止各年度金额上限”事项。因此，外运发展与其关联财务公司之间签署的《金融服务协议》项下存款事宜也只能搁置。2012 年 11 月 15 日日，外运发展发布关联交易公告，称将原协议中的本公司（包括本公司的附属公司）存入财务公司的每日最高存款余额由“不得超过人民币 3 亿元”修订为“不得超过人民币 1 亿元”，由于涉及金额未达到公司《章程》及《股东大会议事规则》中所规定的需经股东大会审议的标准，待公司董事会审议通过后实施。无独有偶，鞍钢股份是 A 股和 H 股同时上市的公司（股票代码：000898，0347），其拟与鞍钢集团财务公司（关联财务公司）签订的《金融服务协议》两次在股东大会上被否决。

这两个案例均显示中小股东的确会重视这类关联交易，并且也会在股东大会上表达自己的意见。因此，检验哪些因素可以影响这种关联交易的签订，以及关联交易是否会对上市公司产生负面影响，对于外部中小投资者的利益保护均有十分积极的意义。基于此，本章拟对如下问题进行检验：①金融服务协议的签订属于上市公司与其控股股东下属公司之间的关联交易，哪些公司治理的影响因素会影响金融服务协议的签订？②这类金融服务协议的签订是否会对公司价值造成损害？③这样的价值减损在哪类上市公司更加严重？

本章选取2007—2013年中国资本市场上设立关联财务公司的A股上市公司作为样本，考察哪些因素对上市公司与关联财务公司之间签订《金融服务协议》有影响，结果发现基金持股比例高、董事持股比例高、独立董事比例高、市场化程度高的非国有上市公司更不倾向于签订《金融服务协议》。而股权制衡、是否被十大会计师事务所审计则不能显著影响《金融服务协议》签订。然而，当处在同样的内部治理条件下，审计质量好的上市公司更不倾向于签订《金融服务协议》。进一步地，本章对《金融服务协议》签订对公司价值的影响进行检验，发现在其他条件既定的情况下，签订《金融服务协议》的上市公司价值显著更低，这种价值减损在国有上市公司中更加严重。

本章的研究可能在以下三个方面具有一定贡献。

首先，本章的结论显示，尽管上市公司隶属于企业集团，但其自身良好的公司治理仍能在一定程度抑制上市公司与关联公司之间发生的对公司价值有负面影响的交易，进而保护外部中小投资者的利益。这不仅丰富公司治理与关联交易关系的文献，也表明加强上市公司的公司治理建设对于提高我国整个资本市场的投资者保护环境具有十分积极的意义。

其次，本章研究在企业集团的框架下扩展和丰富了有关集团内部公司间交易的相关文献。本章的结论表明，上市公司与其财务公司之间发生的关联交易会使上市公司价值受损，与Beckman等（2009）发现的关联担保负向影响公司价值的观点一致，补充了已有与关联交易相关的研究文献。

最后，本章的研究结果发现国有控股的上市公司与关联财务公司之间发生的关联交易对公司价值的负向影响更大。这表明，国有控股的上市公司由于所有者缺位导致自身受关联交易的负向影响更大。但由于政府的干预，国有控股的上市公司在决策时并非以公司价值最大化为目标，而是尽可能迎合法规条文制度的要求。这种行为会导致外部投资者的利益受损。因此，我们的结论也为我国的政策制定者提供了积极的启示意义。

本章其余部分的结构安排如下：第 2 部分为文献综述和研究假设；第 3 部分为研究设计和样本选择；第 4 部分报告描述性统计及实证结果；第 5 部分是对本章的小结。

6.2 文献综述与研究假设

6.2.1 公司治理与关联交易

公司治理的研究作为学术界关注的焦点问题，大多数情况下都是以经济理论的委托代理分析框架为基础，将其看作是由于所有权和控制权分离而在股东、董事会和管理层之间进行的制度安排（Shleifer and Vishny，1997），然而近年来对新兴市场的研究表明大股东与其他股东之间的利益冲突产生的代理问题（也称第二层代理问题）更加普遍（La Porta et al.，1998）。关联交易作为控股股东掏空上市公司的潜在手段，是第二层代理问题的体现。因此，本章希望检验哪些公司治理特征会影响上市公司关联交易的发生。

上市公司关联交易的定义是上市公司或其子公司与“关联人”发生的交易，“关联人”可以是上市公司的控股股东或是控股股东的下属公司、董事会成员、经理人，或是持有上市公司股份的其他法人企业。从内部治理的角度看，对于第二层代理问题，即大股东与中小股东之间的代理矛盾，外部大股东①可以提供监督控股股东和管理层的职能，发挥公司治理作用（Shleifer and Vishney，1986）。徐向艺和张立达（2008）的研究发现除第一大股东外的前十大股东的股权集中有利于提高公司价值，在一定程度上抑制第一大股东的私利行为，发挥了积极的公司治理作用。刘星和安灵（2010）基于股权制衡

① 除控股股东而外持有公司较多股权的股东。

和投资绩效的检验发现，股权制衡对市县级政府和非政府控制的上市公司投资绩效有积极的作用。陈晓和王琨（2005）的研究表明，多个大股东存在可以降低关联交易发生的规模和概率，并且大股东之间的制衡能力越强，关联交易发生的金额和概率都会越小。但是，也有不少文献认为股权制衡也有可能导致公司治理恶化（赵景文和于增彪，2005；汤谷良和戴璐，2006 等）。赵景文和于增彪（2005）指出股权制衡公司的业绩显著差于同行业并且总资产规模最接近的一股独大公司。基于此，股权制衡是否能够发挥积极的治理作用仍是一个值得研究的问题。

同时，沪深两交易所的《股票上市规则》对关联交易的监管设置了“表决回避制度”，这一制度安排赋予了其他股东监督第一大股东的有效机制。该制度规定“关联方以及与关联方有任何利害关系的董事，就该（关联交易）事项进行表决时，应当回避”。那么，在关联交易的订立中，除控股股东而外的其他股东的制衡作用就有可能发挥。因此，我们认为股权制衡度会在一定程度上影响关联的《金融服务协议》签订，提出假说 1。

假说 1：股权制衡度会影响关联的《金融服务协议》签订。

已有文献指出，由于具有专业能力和资源优势，机构投资者能够有效发挥积极监督大股东的作用（Mitra and Cready，2005；Chen et al.，2007）。Khorana 等（2005）认为机构投资者不仅能在成熟市场上发挥治理作用，也在新兴资本市场上扮演越来越重要的角色。Ferreira 和 Matos（2008）从全球视角对机构投资者进行了考察，结果发现机构投资者可以有效监督其投资的公司。我国学者发现机构投资者不仅可以抑制公司的盈余管理行为（程书强，2006；薄仙慧和吴联生，2009），还可以积极改善上市公司的治理水平（李维安和李滨，2008），进而提升公司绩效和公司价值（石美娟和童卫华，2009）。叶松勤和徐经长（2013）的研究发现，机构投资者扮演着“积极投资者”的角色，在一定程度上抑制了大股东的“掏空”行为。基于此，我们认为机构投资者持股比例的增加可以降低关联交易发生的概率，因此提出假说 2。

假说 2：其他条件既定时，机构投资者持股比例与关联交易发生的概率呈负相关关系。

已有文献将管理层持股作为衡量管理层与股东利益一致的度量（Murphy，1999）。Gao 和 Kling（2008）指出如果董事持有上市公司的股票，那么董事就成为公司的小股东，因此其与除控股股东外的其他股东利益一致。这使得董事与机构投资者作用类似。基于此，我们认为董事持股比例的增加也可以降低关联交易发生的概率，提出假说 3。

假说 3：其他条件既定时，董事持股比例与关联交易发生的概率呈负相关关系。

外部独立董事制度也是内部公司治理的一种方式。已有文献认为董事会的独立性可以提高公司的市场价值（Rosenstein and Wyatt，1990），降低公司管理层的在职消费（Brickley and James，1987），以及在一定程度上改善公司内部治理机制（支晓强和童盼，2005）等。叶康涛等（2007）还发现独立董事能够抑制大股东的掏空行为。基于此，我们认为独立董事比例的增加可以降低关联交易发生的概率，由此提出假说 4。

假说 4：其他条件既定时，上市公司董事会的独立性越高，关联交易发生的概率越小。

另外，从外部治理的角度看，审计质量和地区市场化程度等都与外部投资者保护有密切的关系。Fan 和 Wong（2005）提供的证据表明，在法律保护投资者较弱的国家里，审计师可替代内部公司治理发挥作用。一般说来，规模大、声誉高的会计师事务所会提供更可靠，质量更高的审计报告。基于信号理论，上市公司聘用高收费、高质量的会计师事务所是为了向外部投资者传递公司治理的质量，以区别于公司治理较差的上市公司。此外，地区市场化进程也会对上市公司的公司治理有所影响。罗党论和唐清泉（2007）的研究表明金融市场越发达的地区，上市公司被大股东掏空的行为越少。郑国坚（2011）也指出，地区市场化改革明显缓解了大股东通过关联交易对上市公司进行掏空的后果。雷光勇和刘慧龙（2007）认为市场化程度高的地区，法治化水平通常较高。这是因为设立在法治化水平较高地区的上市公司也会受到更多的监管，其公司治理也会更好。

基于此，我们认为上市公司的审计质量与关联交易发生的概率之间呈负相关关系，市场化进程也与关联交易发生的概率呈负相关关系。

假说5：其他条件既定时，上市公司的审计质量越高，关联交易发生的概率越小。

假说6：其他条件既定时，上市公司所在地区的市场化程度越高，关联交易发生的概率越小。

进一步地，由于我国特殊的市场环境，即国有上市公司占资本市场的比例很高，因此我们着重对国有上市公司的情况做分析。为增强集团母公司对下属公司的控制力，国资委强调国有大型企业集团应加强全面预算管理，严格资金管控，因此提出企业集团资金集中管理的需要。为此，我们认为，受政策影响，国有控股的上市公司更容易与其关联财务公司发生交易。

假说7：其他条件既定时，国有控股的上市公司发生关联交易的概率更大。

6.2.2　关联交易与公司价值

Chang（2003）指出认定企业集团内部成员公司间的不公平交易十分困难，因此关联交易很可能成为控股股东掏空上市公司的潜在方式，对此国内外学者对企业集团内部的关联交易进行了大量讨论。一派观点是由Khanna和Palepu（1997，2000）提出的关联交易的“效率促进”观（Efficiency Enhancing View）或“价值提升”观（Value Added View），主要是指在外部市场不健全的情况下，由于交易摩擦，公司与外界交易会产生较高的成本。企业集团内部的关联交易则能有效避免外部交易摩擦，提高经营效率。另一派观点则是由Johnson等（2000）提出的“掏空”观（Tunneling View），用以形容控股股东侵占中小股东利益。这是由于控股股东与外部中小投资者之间存在着第二层代理问题，关联交易往往会成为控股股东“掠夺”的工具。

现有研究关联交易与企业价值关系的文献指出，关联交易与企业价值之间的关系并不明确。一方面，Jian和Wong（2005）发现受企业集团控制的上市公司倾向于从事更多的关联交易，并且至少部分关联交易被市场认为是机会主义的行为，因此上市公司与控制股东之间的关联借贷与其市场价值呈负相关。Cheung 等（2006）的研究基于香港上市公司披露与其关联的控股股东的交易时，股票回报显著为负。Beckman 等（2009）发现上市公司与其关联方的关联借贷与公司价值负相关，这与 Jiang 等（2014）的结论一致。另一方面，郑国坚（2009）发现关联交易与上市公司价值之间存在 N 型关系，表明“效率促进观”和“掏空观”在我国同时存在。邵毅平和虞凤凤（2012）发现关联交易对企业价值的影响主要体现在交易是否公允上，他们发现非公允的关联交易会损害企业价值。已有一些文献发现控股股东虽然有时使用关联交易支持上市公司，但实际上他们并不关心长期的盈利能力，而是基于上市公司短期的财务危机或是缺乏资金给予暂时支持，因此从长期来看关联交易还是会损害公司价值（Jian and Wong，2010；Peng et al.，2011）。

本章试图考察上市公司与其关联财务公司之间签订的《金融服务协议》对公司价值是否有所影响。由于《金融服务协议》项下的存款事宜是要求上市公司在财务公司存放资金，这使得上市公司的存款增加了很多风险，如财务公司破产风险、资金被挪用的风险等，然而在财务公司的存款收益与直接存入银行的收益几乎相同。因此对于上市公司来说，增加的风险与收益极度不对等，这使得外部投资者对公司的估值降低，导致公司价值下降。基于此，我们认为关联交易与公司价值，提出假说 8。

假说 8：其他条件既定时，上市公司与其关联财务公司之间签订的协议与公司价值之间呈负相关关系。

由于中国存在大量的国有控股上市公司，所以本章进一步对上市公司的股权性质进行考察。Clarke（2003）指出国有控股的上市公司存在的最主要问题是所有者缺位，理论上，国有上市公司是属于全中国公民的，但由于人员分散无法执行监督的效果，因此一般说来国有上市公司由国家机构代为管理。Chen 等（2009a）指出对于非国有上市公司，国有上市公司受到更多的政府干预，如需要满足国资委等机构发布的规章制度要求等。本章所述的《金融服务协议》即是属于中央企业集团相应国资委对加强集团内部资金管理的要求而订立的关联交易。

国资委之所以要求中央企业集团加强资金集中管理，主要是希望能够盘活集团内部资金，降低交易成本，提高资金使用效率。然而，Scharfstein 和 Stein（2000）构建的双层代理模型全面刻画了企业内部资本配置的过程，指出企业内部（分部）管理者的寻租行为会迫使企业（总部）CEO 扭曲资本配置，导致企业集团的内部资本市场无效。由于国有企业集团固有的所有者缺位问题，可能使得企业集团内部的子公司管理层寻租更加容易，企业集团更加低效，其下属上市公司也会受到影响。Bai 等（2004）指出国有控股的上市公司更容易在掏空行为中发生更重大的损失。Fan 等（2007）的研究发现有政治背景的 CEO 会从国有的上市公司抽取资源来满足自身目标，而并不是实现公司的价值最大化。基于此，我们认为相对于非国有控股的上市公司，国有控股的上市公司可能面临更严重的价值损失，提出假说 9。

假说 9：其他条件既定时，对比非国有控股的上市公司，国有控股的上市公司是否与其关联财务公司签订协议与公司价值之间的呈现更显著的负相关关系。

6.3　研究设计和数据处理

6.3.1　假说 1~7 的检验

为检验本章的假说 1 至假说 7，我们参考 Jiang 等（2014），建立如下 Logit 回归模型（6-1），检验哪些因素可以影响《金融服务协议》的签订。

$$Agreement_{i,t}=\beta_0+\delta_1\times Factor_{i,t}+\beta_1\times Lmvalue_{i,t}+\beta_2\times Level_{i,t}+\beta_3\times Roa_{i,t}+\beta_4\times CFO_{i,t}+\beta_5 MB_{i,t}+Yeareffect+Industryeffect+\varepsilon_{i,t} \tag{6-1}$$

其中，因变量为上市公司是否与其关联财务公司签订《金融服务协议》。该数据是我们通过《2012 中国企业集团财务公司年鉴》搜集财务公司列表的数据，其次找到与财务公司关联的 A 股上市公司列表①通过手工翻阅年报，查

① 由于各交易市场之间存在较大差异，本章仅对 A 股上市公司进行考察，H 股和 B 股在此不作考察。

看是否存在上市公司与财务公司之间签订的金融服务协议①，若存在，则定义为1，否则定义为0。

自变量为一系列影响《金融服务协议》签订的公司治理变量和上市公司特征变量，具体包括：

（1）股权制衡（*Balance*）：采用第二到第十大股东的股权之和与第一大股东股权比例的比值代理股权制衡。

（2）机构投资者持股比例（*Holdshare*）：采用基金公司持股上市公司的比例代理这一指标。

（3）董事持股比例（*Boardperc*）：参考郑国坚等（2013），使用董事持股股份占总股份的比例。

（4）独立董事比例（*Indperc*）：参考已有文献（叶康涛等，2007），采用独立董事人数与董事会总人数的比例。

（5）审计质量（*Big*10）：参考胡丹和冯巧根（2013）的研究，采用为上市公司提供审计服务的是否是国内前十大会计师事务所。

（6）市场化程度（*Market*）：参考雷光勇和刘慧龙（2007），采用樊纲、王小鲁（2012）发布的各地区发展的市场化指数替代市场化程度。

（7）股权性质（*State*）：采用上市公司的实际控制人是否为国家。

在研究中，我们对可能影响上市公司与关联公司交易的因素，如市值（*Lmvalue*）、杠杆率（*Level*）、市值账面比（*MB*）、盈利能力（*Roa*）及现金流能力（*CFO*）等在模型中加以控制。另外，由于行业和年度会对因变量有影响，我们在估计中将行业固定效应和年度固定效应一并加以控制。

6.3.2 假说8和假说9的检验

为检验本章的研究问题（2），我们建立如下 OLS 回归模型（6-2）考察关联交易与上市公司价值的关系，具体如下：

---

① 在实际搜集数据的过程中，也存在某些上市公司没有明确与财务公司签订金融服务协议，但实质上已有关联存贷款的交易。本着实质重于形式的理念，本章中将这类公司也定义为签订协议的公司。

$$TobinQ_{i,t+1} = \beta_0 + \beta_1 \times Agreement_{i,t} + \beta_2 \times State_{i,t} + \beta_3 \times Size_{i,t} + \beta_4 \times Level_{i,t} + \beta_5 \times Roa_{i,t} + \beta_6 MB_{i,t} + \beta_7 Loss_{i,t} + \beta_8 Cash_{i,t} + \beta_9 Big10_{i,t} + Yeareffect + Industryeffect + \varepsilon_{i,t} \quad (6-2)$$

其中，因变量为上市公司价值，参考已有文献（郑国坚等，2007；黄蓉等，2013）的做法，本章采用 *Tobin Q* 作为公司价值的代理变量。自变量为金融服务协议（*Agreement*）。参考黄蓉等（2013），模型（2）还控制了股权性质（*State*）、公司规模（*Size*）、杠杆率（*Level*）、市值账面比（*MB*）、盈利能力（*Roa*）、亏损与否（*Loss*）、现金比率（*Cash*）以及审计质量（*Big*10）等因素。

进一步为检验研究问题（3），我们采用模型（6-3）对样本进行检验。模型（6-3）的具体形式如下：

$$TobinQ_{i,t+1} = \beta_0 + \beta_1 \times Agreement_{i,t} + \beta_2 \times State_{i,t} + \delta_1 \times State_{i,t} \times Agreement_{i,t} + \beta_3 \times Size_{i,t} + \beta_4 \times Level_{i,t} + \beta_5 \times Roa_{i,t} + \beta_6 MB_{i,t} + \beta_7 Loss_{i,t} + \beta_8 Cash_{i,t} + \beta_9 Big10_{i,t} + Yeareffect + Industryeffect + \varepsilon_{i,t} \quad (6-3)$$

其中，因变量为上市公司价值（*Tobin Q*）。自变量为金融服务协议（*Agreement*），股权性质（*State*），股权性质与金融服务协议的交乘项（*State*×*Agreement*）。其他控制变量的设置及其定义与模型（6-2）一致。

表 6-1　主要变量的定义和计算方式

变量类型	变量名称	含义	计算方式
被解释变量	*Tobin Q*	公司价值	（年末流通股市值+每股净资产×非流通股股数+负债）/总资产
	Agreement	金融服务协议	如果上市公司与关联的集团财务公司签订金融服务协议，定义为1，否则为0
解释变量	*Balance*	股权制衡	第二至第十大股东持股比例与第一大股东的比值
	Holdshare	机构投资者持股比例	基金公司持有上市公司的股权比例
	Boardperc	董事持股比例	公司董事持有上市公司的股权比例
	Indperc	独立董事比例	独立董事占董事会总人数的比例

续表

变量类型	变量名称	含义	计算方式
解释变量	*State*	股权性质	按照控股股东的股权性质划分，如果为国有上市公司，定义为1，否则为0
	*Big*10	审计质量	按照上市公司审计师事务所划分，如果为前十大会计师事务所，定义为1，否则为0
	Market	市场化程度	使用樊纲、王小鲁（2012）计算的各地区发展的市场化指数取自然对数
控制变量	*Lmvalue*	市场价值	年末股票市值的自然对数
	Size	资产规模	总资产的自然对数
	Level	杠杆水平	总负债/总资产
	MB	成长性	权益的市值账面比
	CFO	现金流能力	经营活动净现金流/总资产
	Loss	盈利性	如果当年发生亏损，定义为1，否则为0
	Cash	现金持有水平	（现金+短期投资或交易性金融资产）/总资产
	Roa	盈利能力	净利润/总资产

6.3.3 样本与数据处理

本章选取的研究样本为我国证券市场中2007—2013年①设立关联财务公司的所有A股上市公司。我们首先根据《企业集团财务公司年鉴》整理出财务公司名单，然后鉴别出财务公司集团大股东，再对应该集团控股的所有下属上市公司。其次根据上市公司名单，搜集各家上市公司发布《金融服务协议》的公告，并通过年报进行进一步确认。其余数据，如相关财务数据和公司治理数据，均来自CSMAR数据库，Wind数据库，和CCER数据库。按照同类研究的惯例，对金融业样本进行了剔除，得到1086个观测值。由于相关财务变量或公司治理变量缺失的原因，回归样本仅为1068个。同时，为了剔除极端值的影响，我们对主要连续变量进行了1%~99%水平的winsorize处理。

① 本章选取的数据中*Agreement*的数据期间为2007—2012年，而我们考察关联交易与公司价值时，公司价值为未来一期的数据，因此选取的数据为2008—2013年。综上所述，本章选取的样本期间为2007—2013年。

表 6-2　样本年度和行业分布

Panel A 样本年度分布				
年份	Agreement=1	Agreement=0	合计	比例（%）
2007	58	74	132	43.94
2008	73	70	143	51.05
2009	94	69	163	57.67
2010	125	67	192	65.10
2011	149	68	217	68.66
2012	184	55	239	76.99
总计	683	403	1086	62.89
Panel B 样本行业分布				
行业	Agreement=1	Agreement=0	合计	比例（%）
农、林、牧、渔业（A）	16	2	18	88.89
采掘业（B）	58	11	69	84.06
食品、饮料（C0）	12	4	16	75.00
纺织、服装、皮毛（C1）	6	5	11	54.55
造纸、印刷（C3）	0	2	2	0.00
石油、化学、塑胶、塑料（C4）	52	60	112	46.43
电子（C5）	27	20	47	57.45
金属、非金属（C6）	34	19	53	64.15
机械、设备、仪表（C7）	209	147	356	58.71
医药、生物制品（C8）	10	4	14	71.43
电力、煤气及水的生产和供应业（D）	109	28	137	79.56
建筑业（E）	15	21	36	41.67
交通运输、仓储业（F）	39	20	59	66.10
信息技术业（G）	28	39	67	41.79
批发和零售贸易（H）	36	9	45	80.00
房地产业（J）	13	7	20	65.00
社会服务业（K）	7	4	11	63.64
综合类（M）	12	1	13	92.31
总计	683	403	1086	62.89

表 6-2 的 Panel A 报告了各年上市公司与关联的集团财务公司签订金融服务协议的情况。从时间趋势上看，签订金融服务协议的上市公司数量逐年增多，在 2012 年达到了 184 家，占当年样本的 76.99%。上述结果表明，上市公司与集团财务公司之间发生的关联资金交易越来越多。因此，对此类关联交易的研究也显得尤为重要。

表 6-2 的 Panel B 报告了上市公司与关联的集团财务公司签订金融服务协议的行业分布情况。从表中可以看出，签订金融服务协议的上市公司大多集中于机械、设备、仪表（C7），电力、煤气及水的生产和供应业（D），采掘业（B）等行业，几乎占到签订协议样本的 50%以上。以上行业均具有固定资产比例大、多属于国有企业等特点，这也与国资委加强中央企业集团资金集中管理的要求相一致。

6.4 实证结果及稳健性检验

6.4.1 描述性统计结果及相关性分析

表 6-3 报告了本章中变量的描述性统计结果。*Agreement* 的均值为 0.639，中位数为 1，说明 63.9%的样本都签订了金融服务协议，也说明在拥有关联财务公司中，大部分上市公司选择与财务公司进行关联的资金交易，进一步凸显了本章研究问题的重要性。*Tobin Q* 的均值和中位数分别为 1.706 和 1.356，与以往文献基本一致。*Balance* 的均值和中位数分别为 0.506 和 0.305，也即平均来看，第二大股东至第十大股东持股比例之和仅占第一大股东持股比例的 50.6%，说明我国资本市场上股权比较集中，其他股东对大股东的制约能力有限，中位数的结果更加强了这一说法。*Holdshare* 的结果表明基金平均对上市公司的持股比例达到 5.4%。*Boardperc* 的均值为 0.3%，说明在上市公司中，董事持股比例平均仅为 0.3%，说明在我国上市公司中董事仅持有很小比例的上市公司股权。*Indperc* 的均值和中位数分别为 0.362 和 0.333，这与公司法中规定的独立董事比例必须至少占董事会成员的 1/3 相符，也说明我国上市公司仅为达到要求而聘用独立董事。*Big*10 的均值为 0.565，说明有 56.5%的样本由十大会计师事务所审计。*State* 的均值为 0.866，表明本章样本公司

的 86.6%都为国有上市公司，与我国资本市场上的实际情况大致相同。*Market* 的均值和中位数分别为 2.117 和 2.131。其余控制变量与现有文献基本一致。

表 6-3　描述性统计

变量	N	均值	标准差	最小值	中位数	最大值
Agreement	1068	0.639	0.481	0	1	1
Tobin Q	1068	1.706	1.001	0.743	1.356	9.584
Balance	1068	0.506	0.500	0.010	0.305	3.069
Holdshare	1068	0.054	0.072	0.000	0.024	0.446
Boardperc	1068	0.003	0.025	0.000	0.000	0.381
*Indperc*①	1058	0.361	0.049	0.143	0.333	0.800
Big10	1068	0.565	0.496	0	1	1
State	1068	0.866	0.341	0	1	1
Market	1049	2.117	0.233	1.585	2.131	2.468
Size	1068	22.620	1.528	19.920	22.450	27.620
Lmvalue	1068	22.680	1.211	20.190	22.470	28.120
Level	1068	0.552	0.195	0.090	0.556	1.223
MB	1068	3.309	2.948	-10.240	2.424	20.060
Roa	1068	0.036	0.052	-0.268	0.032	0.237
CFO	1068	0.048	0.076	-0.247	0.046	0.375
Loss	1068	0.096	0.294	0	0	1
Cash	1068	0.173	0.137	0.007	0.137	0.661

表 6-4　两样本主要变量的差异检验

变量	平均值				中位数			
	Agreement=0（N=386）	Agreement=1（N=682）	差异	*t* 值	Agreement=0（N=386）	Agreement=1（N=682）	差异	*z* 值
Tobin Q	1.998	1.540	0.458***	7.37	1.505	1.289	0.216***	6.12
Balance	0.535	0.490	0.045	1.42	0.333	0.296	0.037	0.92

① 由于数据缺失，该变量的样本数仅为 1058 个，其他变量也为同样原因。

续表

变量	平均值				中位数			
	Agreement=0 (N=386)	Agreement=1 (N=682)	差异	*t* 值	Agreement=0 (N=386)	Agreement=1 (N=682)	差异	*z* 值
Holdshare	0.054	0.054	0.000	0.08	0.020	0.026	-0.006	-1.45
Boardperc	0.007	0.001	0.006	1.61	0.000	0.000	0.000***	2.92
Indperc	0.361	0.361	0.000	0.10	0.333	0.333	0.000*	-1.77
*Big*10	0.588	0.551	0.037	1.16	1	1	0.000	1.16
State	0.803	0.902	-0.099***	-4.59	1	1	0.000***	-4.55
Market	2.135	2.107	0.028*	1.84	2.117	2.170	-0.053**	-2.33

注：*、**、*** 分别表示在 10%、5%、1%的水平下显著（双尾检验）。

表 6-4 给出了签订协议与未签订协议的样本之间主要变量的差异检验结果。从平均值来看，未签订协议的样本公司的 *Tobin Q*，*Boardper*①，*Market* 显著高于签订协议的样本公司，表明未签订协议的样本公司价值更大，董事持股更多，所在地区的市场化指数更高。未签订协议的样本公司的 *State* 显著低于签订协议的样本公司，说明签订协议的样本公司多为国有上市公司，与国资委对国有大型企业集团资金集中管理的要求一致。中位数结果与均值结果基本一致，在此不再赘述。

表 6-5 报告了主要变量的相关性检验结果。*Tobin Q* 与 *Agreement* 之间存在显著的负相关关系，说明签订协议的样本公司价值显著更低，初步验证了本章的假设。*Boardperc* 和 *Market* 与 *Agreement* 呈显著负相关关系，*Big*10 与 *Agreement* 呈显著正相关关系，表明董事持股比例越低，市场化指数越小，十大事务所审计的上市公司更容易签订金融服务协议，与本章的假设基本一致。

① *Boardperc* 的均值 *t* 检验的单尾检验在 10%的水平下显著。

表 6-5　相关性检验

变量	*Tobin Q*	*Agreement*	*Balance*	*Holdshare*	*Boardperc*	*Indperc*	*State*	*Big10*	*Market*
Tobin Q	1	-0. 220 ***	0. 001	0. 121 ***	-0. 001	-0. 02	0. 02	-0. 080 ***	-0. 017
Agreement	-0. 187 ***	1	-0. 043	-0. 002	-0. 111 ***	-0. 003	-0. 036	0. 139 ***	-0. 057 *
Balance	0. 01	-0. 028	1	0. 148 ***	0. 247 ***	-0. 032	-0. 084 ***	-0. 080 ***	-0. 073 **
Holdshare	-0. 029	0. 044	0. 210 ***	1	-0. 039	-0. 046	-0. 145 ***	-0. 086 ***	-0. 002
Boardperc	0. 056 *	-0. 089 ***	-0. 017	0. 008	1	-0. 013	0. 062 **	-0. 144 ***	-0. 059 *
Indperc	0. 005	0. 054 *	0. 004	-0. 01	-0. 043	1	0. 049	-0. 03	-0. 085 ***
State	0. 024	-0. 036	-0. 088 ***	-0. 118 ***	0. 002	0. 05	1	0. 121 ***	0. 033
Big10	-0. 078 **	0. 139 ***	-0. 058 *	-0. 026	-0. 159 ***	0. 007	0. 121 ***	1	-0. 022
Market	-0. 043	-0. 072 **	-0. 034	-0. 018	0. 035	-0. 105 ***	0. 031	-0. 037	1

注：*、**、*** 分别表示在 10%、5%、1%的水平下显著。左下三角为 spearman 相关性检验，右上三角为 pearson 相关性检验。

表 6-6　公司治理与关联交易（Logit 回归）[①]

变量	Dependent Variable = *Agreement*							
	(1)	(2)	(3)	(4)	(5)	(6)	(7)	(8)
Balance	-0. 200							-0. 149
	(-1. 35)							(-0. 89)
Holdshare		-2. 091 *						-3. 122 **
		(-1. 82)						(-2. 52)
Boardperc			-11. 071 **					-97. 320 **
			(-2. 15)					(-2. 40)
Indperc				-3. 201 **				-3. 562 **
				(-2. 08)				(-2. 16)
*Big*10					-0. 160			-1. 112 ***
					(-1. 07)			(-3. 12)
Market						-1. 034 ***		-0. 269 *
						(-3. 04)		(-1. 68)
State							0. 989 ***	0. 736 ***
							(4. 37)	(3. 06)
Constant	-10. 242 ***	-11. 641 ***	-10. 262 ***	-9. 553 ***	-10. 386 ***	-10. 295 ***	-9. 810 ***	-10. 246 ***
	(-5. 14)	(-5. 43)	(-5. 14)	(-4. 74)	(-5. 22)	(-5. 01)	(-4. 90)	(-4. 51)
Control Variables	控制	控制	控制	控制	控制	控制	控制	控制
Year	控制	控制	控制	控制	控制	控制	控制	控制
Industry	控制	控制	控制	控制	控制	控制	控制	控制
Observations	1066[②]	1066	1066	1056	1066	1047	1066	1037
Pseudo R^2	0. 1564	0. 1575	0. 1605	0. 1567	0. 1560	0. 1610	0. 1692	0. 1902

注：括号内的数值为 *z* 值。*、**、*** 分别表示在 10%、5%、1%的水平下显著。

---

① 受篇幅所限，本表未报告控制变量的系数与显著性。

② 由于存在共线性关系的影响，在回归过程中有样本缺失。

6.4.2　实证结果及分析

表 6-6 给出了假说 1~7 的检验结果。第（1）列中 *Balance* 的系数虽为负但并不显著，说明股权制衡并不能起到阻止金融服务协议签订的作用，与本章的假说 1 并不一致，可能的原因是大股东在签订关联的《金融服务协议》之前已与其他大股东进行交涉并得到肯定意见，使得他们在对关联交易表决时不发表反对意见。第（2）列中 *Holdshare* 的系数为-2.091，且在 10%的水平上显著，说明基金持股能够有效地遏制上市公司与其关联的财务公司发生资金交易，支持本章假说 2。一般而言，机构投资者的治理作用主要是缓解控股股东与中小股东之间的代理问题，因此在阻止类似《金融服务协议》这种可能导致控股股东掏空中小股东的交易时，机构投资者治理的作用发挥会更加明显。第（3）列中 *Boardperc* 的系数为-11.071，在 5%的水平上显著，这说明随董事持股比例的增高，签订关联金融服务协议的可能性越低，支持本章假说 3。董事在持有上市公司股权后，由于持股比例较低，实质上也是上市公司的小股东，因此对于可能侵害自身利益的关联交易也有制约效果。第（4）列中 *Indperc* 的系数为-3.201，在 5%的水平上显著，这说明独立董事比例越大，金融服务协议签订的可能性就越小，支持本章假说 4。这也表明独立董事在这类关联交易上具有明显的治理作用。第（5）列中 *Big*10 的系数为负但并不显著，未能支持本章假说 5。表明是否由十大会计师事务所审计并不影响上市公司签订关联的金融服务协议。第（6）列中 *Market* 的系数为负且在 1%的水平上显著，表明设立在市场化程度较高地区的上市公司更不容易签订关联的金融服务协议，支持本章假说 6。这也说明市场化程度对于关联金融服务协议的签订有着极强的制约作用。第（7）列中 *State* 的系数为 0.989，且在 1%的水平上显著，说明国有的上市公司更容易与关联的财务公司签订金融服务协议，支持本章假说 7。这个结果符合国资委对中央企业资金集中管理的要求相符。第（8）列将所有的影响因素放在一起进行回归，各变量的结果基本没有发生变化，但 *Big*10 变量的系数为-0.269，且在 10%的水平上显著，说明在控制公司内部治理的情况下，审计质量也会对关联交易有制约效果。

表 6-7　股权性质、关联交易与公司价值（OLS 回归）

变量	Dependent Variable = *Tobin Q*			
	(1)	(2)	(3)	(4)
Agreement	-0.331***	-0.106**	-0.051	0.243*
	(-5.76)	(-2.03)	(-0.34)	(1.84)
State		-0.007	0.009	0.183*
		(-0.10)	(0.08)	(1.87)
State×Agreement			-0.308*	-0.405***
			(-1.91)	(-2.88)
Size		-0.188***		-0.189***
		(-8.52)		(-8.60)
Level		-0.564***		-0.589***
		(-3.43)		(-3.59)
Roa		1.844***		1.750***
		(2.88)		(2.74)
MB		0.103***		0.103***
		(10.58)		(10.65)
Loss		0.287***		0.276***
		(2.90)		(2.79)
Cash		0.088		0.101
		(0.42)		(0.48)
*Big*10		0.063		0.067
		(1.32)		(1.40)
Constant	1.750***	5.012***	1.662***	4.827***
	(8.15)	(10.35)	(7.05)	(9.92)
Year	控制	控制	控制	控制
Industry	控制	控制	控制	控制
Observations	1068	1068	1068	1068
Adjusted R-squared	0.2907	0.4645	0.2936	0.4683

注：括号内的数值为 *t* 值。*、**、*** 分别表示在 10%、5%、1%的水平下显著。

表 6-7 给出了假说 8 的检验结果。第（1）列中 *Agreement* 的系数为-0.331，且在 1%的水平上显著，表明签订关联的金融服务协议会损害上市

公司的价值。第（2）列中 *Agreement* 的系数为-0.106，且在5%的水平上显著，说明在控制其他变量后，关联金融服务协议的签订仍然会损害上市公司价值，支持假说8。可能的原因在于《金融服务协议》项下的存款事宜是要求上市公司在财务公司存放资金，这使得上市公司的存款增加了很多风险，如财务公司破产风险、资金被大股东挪用的风险等，然而收益却并不比直接存入银行有显著增加。因此对于上市公司来说，风险与收益的不对等导致公司价值降低。第（3）列中 *State×Agreement* 的系数为-0.308，且在10%的水平上显著，第（4）列中 *State×Agreement* 的系数为-0.405，且在1%的水平上显著，说明国有上市公司签订关联的金融服务协议比非国有上市公司的公司价值减损更严重，支持第9个假说。可能的原因在于，企业集团面临双重代理问题，即股东与管理层之间、大股东与中小股东之间的代理问题。而国有控股的企业集团存在固有的所有者缺位，可能使得母公司在监督子公司管理层时较为松懈，子公司管理层更加易于寻租，导致国有控股的企业集团低效，进而使隶属于该企业集团的上市公司价值受损更加严重。

6.4.3　稳健性检验结果

为了保证本章研究结论的可靠性，我们对本章的实证结果进行了多重稳健性测试，具体如下：

（1）本章采用第二大股东到第五大股东的股权比例之和与第一大股东股权比例的比值，以及第二大股东的股权比例与第一大股东的股权比例的比值（陈德萍和陈永圣，2011）等变量来代理股权制衡变量，结果与之前无实质差别。

（2）本章使用机构投资者股权比例①来代理外部投资者治理变量，重新对模型进行回归，结果不影响本章的主要结论。

（3）已有文献（王春飞和陆正飞，2014）认为国际四大会计师事务所能够代表上市公司审计质量，因此本章也采用 *Big*4 作为审计质量的替代变量，

① 该数据来自 Wind 数据库，包括基金、证券以及实体企业对上市公司的持股。之所以没有在主要回归中使用这个指标，是因为该指标的缺失值比较多，所以仅在稳健性检验中提及。

没有发现本章的结论有所改变。

(4) 中国资本市场在2005年开始进行股权分置改革以解决非流通股问题，改革大多数在2007年完成，Peng等(2011)指出股权分置改革导致2007年的股价出现前所未有的增长。股价异常可能对本章计算 *Tobin Q* 有所影响，因此，我们删除了2007年的样本，重新进行回归，结果并没有发生改变。

(5) 本章在检验《金融服务协议》如何影响公司价值时，使用分样本方式对国有上市公司和非国有上市公司进行分别考察，表6-8的结果与表6-7的结果没有区别，表明本章的研究结果不受研究设计的影响。

表6-8 稳健性检验

变量	Dependent Variable = *Tobin Q*			
	State=1（国有）		*State*=0（非国有）	
	(1)	(2)	(3)	(4)
Agreement	-0.355***	-0.168***	-0.277	0.229
	(-5.96)	(-3.14)	(-1.19)	(1.14)
Size		-0.173***		-0.464***
		(-7.69)		(-4.74)
Level		-0.742***		1.163*
		(-4.45)		(1.75)
Roa		0.762		5.660**
		(1.15)		(2.41)
MB		0.094***		0.167***
		(9.32)		(4.84)
Loss		0.201**		0.741*
		(2.01)		(1.89)
Cash		0.101		0.987
		(0.47)		(1.37)
*Big*10		0.091*		-0.074
		(1.85)		(-0.39)
Constant	1.234***	4.547***	2.723***	8.984***
	(5.05)	(8.85)	(5.03)	(4.50)

续表

变量	Dependent Variable = *Tobin Q*			
	State=1（国有）		*State*=0（非国有）	
	(1)	(2)	(3)	(4)
Year	控制	控制	控制	控制
Industry	控制	控制	控制	控制
Observations	925	925	143	143
Adjusted R-squared	0.3129	0.4742	0.2291	0.5452
p-value for difference on *Agreement* coefficient between (2) and (4): 0.0241**				

注：括号内的数值为 *t* 值。*、**、*** 分别表示在 10%、5%、1%的水平下显著。

(6) 公司治理与公司价值之间存在相关性，同时公司治理也对上市公司是否签订《金融服务协议》有影响，因此在我们考察《金融服务协议》对公司价值影响的过程中可能存在内生性问题。我们采用 Heckman (1979) 提出的两阶段模型来解决该问题。第一阶段我们使用 Logit model 估计选择签订《金融服务协议》时的 Inverse Mill's Ratio (IMR)。我们主要考虑上市公司的公司治理及财务特征对签订《金融服务协议》的影响。具体模型如下：

$$Agreement_{i,t} = \beta_0 + \delta_1 \times Balance_{i,t} + \delta_2 \times Holdshare_{i,t} + \delta_3 \times Boardperc_{i,t} + \delta_4 \times Indperc_{i,t} + \delta_5 \times State_{i,t} + \delta_6 \times Big10_{i,t} + \delta_7 \times Market_{i,t} + \beta_1 \times Lmvalue_{i,t} + \beta_2 \times Lev_{i,t} + \beta_3 \times Roa_{i,t} + \beta_4 \times CFO_{i,t} + \beta_5 MB_{i,t} + Yeareffect + Industryeffect + \varepsilon_{i,t} \quad (6-4)$$

其中：*Agreement* 为虚拟变量，当公司签订《金融服务协议》取 1，否则为 0。*Balance* 为第二到第十大股东的股权之和与第一大股东股权比例的比值；*Holdshare* 为基金持股比例；*Boardperc* 为董事持股比例；*Indperc* 为独立董事占董事会成员的比例；*State* 为虚拟变量，当上市公司为国有控股时取 1，否则取 0；*Big*10 为虚拟变量，当上市公司由十大会计师事务所审计时取 1，否则取 0；*Market* 为市场化指数的自然对数。其他变量定义同模型 (6-1) 中的变量定义。

第一阶段的回归结果见表 6-9。

表 6-9 Heckman（1979）第一阶段回归结果

变量	第一阶段（Logit）*Agreement*	
	Coefficient	Wald Chi-Square
Constant	9.5649***	14.6946
Balance	0.1487	0.7935
Holdshare	3.1219**	6.3486
Boardperc	97.3196**	5.7452
Indperc	3.5625**	4.674
State	-0.7358***	9.3632
Mi	1.1116***	9.7052
*Big*10	0.2692*	2.8155
Lmvalue	-0.6606***	43.4425
Mb	0.0882***	9.3352
Roa	-0.7526	0.1622
CFO	-0.132	0.013
Lev	-1.2739	6.9145
Year	控制	
Industry	控制	
Chi-Square	260.09***	
Observations	1039	

注：*、**、*** 分别表示在 10%、5%、1%的水平下显著。

在第二阶段中，我们将 Inverse Mill's Ratio（*IMR ratio*）带入模型（6-2）和模型（6-3），从而修正由于自选择问题所导致的偏误。第二阶段的回归结果见表 6-10。

表 6-10 给出了 Heckman 两阶段检验第二阶段的结果。第（1）列和第（2）列中 *Agreement* 的系数为负且显著，第（3）列和第（4）列中 *State*×*Agreement*的系数也均为负且显著，说明在控制内生性问题后，本章所提出的假设仍然成立。

综上所述，我们发现无论是选择不同的变量，还是更改研究设计，或是控制内生性问题等，研究结果并没有发生改变，这也说明了我们结果的稳健性和可靠性。

表 6-10　Heckman（1979）第二阶段回归结果

变量	Dependent Variable = *Tobin Q*			
	(1)	(2)	(3)	(4)
Agreement	-0.157***	-0.109**	0.066	0.236*
	(-2.68)	(-2.07)	(0.45)	(1.77)
State		-0.188**	0.295**	0.003
		(-2.18)	(2.50)	(0.03)
State×Agreement			-0.265*	-0.401***
			(-1.67)	(-2.81)
Size		-0.279***		-0.283***
		(-8.38)		(-8.54)
Level		-0.597***		-0.620***
		(-3.61)		(-3.76)
Roa		1.588**		1.509**
		(2.46)		(2.34)
MB		0.101***		0.102***
		(10.27)		(10.36)
Loss		0.257***		0.249**
		(2.59)		(2.51)
Cash		0.066		0.084
		(0.31)		(0.39)
*Big*10		0.121**		0.126**
		(2.44)		(2.55)
IMR ratio	-0.403***	0.244***	-0.440***	0.255***
	(-9.08)	(3.34)	(-9.06)	(3.51)
Constant	-0.403***	0.244***	-0.440***	0.255***
	(-9.08)	(3.34)	(-9.06)	(3.51)
Year	控制	控制	控制	控制
Industry	控制	控制	控制	控制
Observations	1039	1039	1039	1039
Adjusted R-squared	0.3493	0.4737	0.3521	0.4773

注：括号内的数值为 *t* 值。*、**、*** 分别表示在 10%、5%、1%的水平下显著。

6.5 研究结论

本章研究主要检验了如下问题：①金融服务协议的签订属于上市公司与其控股股东下属公司之间的关联交易，哪些公司治理的影响因素会影响金融服务协议的签订？②这类金融服务协议的签订是否会对公司价值造成损害？③这样的价值减损在哪类上市公司更加严重？

通过选取 2007—2013 年中国资本市场上设立关联财务公司的 A 股上市公司作为样本，我们发现基金持股比例高、董事持股比例高、独立董事比例高、市场化程度高的非国有上市公司更不倾向于签订《金融服务协议》。而股权制衡、是否被十大会计师事务所审计则不能显著影响《金融服务协议》的签订。然而，当处在同样的内部治理条件下，审计质量好的上市公司更不倾向于签订《金融服务协议》。进一步地，本章试图探寻《金融服务协议》签订所造成的经济后果，实证结果发现在其他条件既定的情况下，签订《金融服务协议》的上市公司价值显著更低，并且这种价值减损在国有上市公司中更加严重。

本章的结论凸显了上市公司的公司治理对于外部中小股东的重要性，以及国有股权特有的所有者缺位导致的代理成本问题。我们的研究不仅丰富和发展了关联交易和公司治理的研究文献，同时也对我国上市公司探索有效的公司治理机制以保障外部中小股东利益及如何缓解第二类代理问题具有重要的启示意义。

第 7 章　大股东控制、关联存款与现金持有价值①

7.1　引言

由于股权集中，我国资本市场上控股股东与中小股东之间的代理问题尤为突出，控股股东通过上市公司担保、代为清偿、借款等方式进行占款，致使小股东利益严重受损的情况比比皆是（姜国华和岳衡，2005；Jiang 等，2010）。由于监管机构不断加大监督和处罚力度，严格监管大股东占用上市公司资金的问题，控股股东占用上市公司资金的行为变得更加隐秘。很多上市公司控股股东通过采取多设环节等形式来占用上市公司款项，以此规避监管。比如通过控股股东关联第三方进行占款；与上市公司发生大额交易，并让上市公司提前支付大比例预付款；又如控股股东购买上市公司产品，而上市公司给予控股股东长时间的信用期等。

近年来，企业集团通过安排下属公司与集团财务公司签订《金融服务协议》以构建集团的内部资本市场，希望资金能够在企业集团内部得到更加有效地进行归集和配置。然而，上市公司作为公众公司，不仅受企业集团母公司的控制，同时也需要对外部中小股东的利益负责。财务公司为上市公司提供存贷款服务，即上市公司将货币资金存放在控股股东控制下的财务公司中，而非外部第三方银行等金融机构，这是否是控股股东侵占上市公司资金的新途径，这种行为对外部中小股东是否有利呢？本章拟对上述问题进行探索性研究。

---

① 原文发表于 2016 年第 5 期的《管理世界》（原文作者为窦欢和陆正飞），这里有所改动。

本章之所以选取该研究视角，主要原因是我们观察到上市公司存放在财务公司的存款严重影响了资金使用效率。这表明，上市公司存放在财务公司的关联存款可能面临控股股东的无效占用。以攀钢钒钛（000629. SZ）为例，攀钢钒钛（000629. SZ）是在深圳证券交易所上市的一家国有企业，控股股东是攀钢集团（持股比例：58.68%）。截至2011年底，公司货币资金52亿元，其中约31亿元趴在财务公司账上，其中在鞍钢财务公司的存款余额为27亿元，在攀钢财务公司的存款余额为3.5亿元。2011年的年报显示，攀钢钒钛2011年取得利息收入约0.009亿元，按照在两家财务公司合计约31亿元的存款粗略计算，存款利率大约只有0.03%。然而，2012年上半年，鞍钢财务公司对鞍钢股份（000898. SZ，00347. HK）的长期借款为56亿元，年利率高达5.5%~6.3%。

由上述例子不难看出，一方面，控股股东通过财务公司低成本吸收上市公司资金，另一方面却对其他子公司提供高息贷款。也正因为如此，2012年8月召开的临时股东大会上，攀钢钒钛与关联财务公司的《金融服务协议》差点被否决，也表现了外部中小股东对控股股东占用资金的担忧。事实上，随着不少企业集团成立财务公司，由控股股东控制的财务公司不经意间成为控股股东占用资金的潜在渠道，因此上市公司将现金存放在财务公司的效率如何引起广泛关注。

现有关于现金的研究文献主要存在两方面观点。一方面，由于缺乏监督，管理者很容易获取现金储备并可以将现金转化为私人利益，引起管理者与股东之间的代理冲突，进而负向影响公司市场价值（Myers and Rajan，1998；Pinkowitz et al.，2006；Dittmar and Mahrt-Smith，2007等）。另一方面，上市公司持有现金可以帮助自身抵御未来环境的不确定性带来的经营波动（Opler等，1999；Bates et al.，2009；Duchin，2010），如在融资环境差时抓住预期更好的投资机会，或应对企业面临的偿债风险等。然而，现金作为一种易于被代理人随意使用的资源（Fresard and Salva，2010），也是控股股东在侵占外部中小股东利益时寻租的主要对象（Jiang等，2010）。但在以往文献中仅从代理成本角度进行分析，未区分第一类代理问题和第二类代理问题，本章试图检验第二类代理问题（控股股东与中小股东之间）对上市公司现金持有量的影响。我们认为考察上市公司在财务公司存放的关联存款占现金的比重，可以帮助我们直观、综合地考察大股东对上市公司利益侵占的程度。本章在控制了公司经营需要与战略计划等因素的影响后，检验第一大股东持股比例对关联存款比率的影响。

实证结果表明，上市公司的规模，公司上期的资本支出和盈利能力均显著影响关联存款比率；第一大股东①持股比例与关联存款比率之间呈 U 型关系，且拐点在约 50%处。这意味着，当第一大股东持股比例小于 50%时，由于其他股东对大股东的制衡能力较强，可以限制关联存款的增加，表现为关联存款占现金的比重随第一大股东的持股比例增加而减少，而当第一大股东持股比例大于 50%时，第一大股东处于绝对控制的地位时，其他股东能力有限且力量分散，难以起到有效监督的作用，表现为关联存款占现金的比重会随第一大股东的持股比例增加而增加。进一步分析显示，高关联存款比率的上市公司现金持有价值显著更低，支持上市公司持有更高的关联存款比率是大股东寻租的结果。

本章的研究贡献可能在于：第一，从一个全新的视角，即上市公司存放在财务公司的关联存款占现金的比重作为大股东寻租的衡量方式，运用大样本的实证研究方法，考察了影响大股东侵占程度的因素，并进一步检验了由大股东代理问题导致的效率损失；第二，本章的结果显示，关联存款比率越高，上市公司的现金持有价值越低，这为大股东与中小股东代理问题如何影响资金使用效率提供了直接证据，同时补充和丰富了有关现金持有价值的文献；第三，本章的研究结果对于提高上市公司治理，加强中国资本市场上中小投资者保护提供一定的借鉴和启发意义。

本章以下部分的研究内容安排如下：第 2 部分为文献回顾和研究假说的提出；第 3 部分为研究设计和样本选择；第 4 部分报告描述性统计及实证结果；第 5 部分是对本章的小结。

---

① 唐跃军和李维安（2009）指出，虽然存在现金流权与控制权的分离，但第一大股东和控股股东的持股比例不仅高度相关，且在大多数情况下保持一致，因此第一大股东持有比例可以代表控股股东持股比例。因此，在本章中，并不特别区分第一大股东与控股股东。

7.2 文献综述与研究假设

7.2.1 文献回顾

目前学术界对现金问题的关注主要集中于企业现金持有可能动机的考察以及上市公司现金持有的价值等。

Bates 等（2009）基于以往文献，总结了影响公司现金持有水平的动机，分别是交易性动机、税收动机、预防性动机，以及管理层代理动机。从交易性动机角度，公司将非现金资产转换为现金资产需要花费代价，即交易成本（Mulligan，1997），因此公司一般会留存一定比例的现金资产。Foley 等（2007）则从税收动机的角度提供相关的证据，他们发现跨国公司会因为避税原因将现金留存在海外。预防性动机显示企业持有现金的目的是为了应对将来可能出现的突发事件或是紧急的资金需求（Han and Qiu，2007；Duchin，2010；Mclean，2011）。还有大量文献关注代理动机对现金持有的影响。Jensen（1986）发现尽管公司没有好的投资机会，管理层出于自身利益的考虑也宁愿将现金留存在公司而非支付给股东。与此相似，Dittmar 等（2003）发现代理问题严重的公司现金持有水平显著更高，这些超额现金将会被管理层用于追求私人利益。Gao 等（2013）也发现公司内部的代理问题是造成公司维持较高持现水平的原因。

另外一些学者主要考察现金持有的经济后果，假定在市场有效的前提下，以市场对公司现金的估价来衡量公司的现金持有价值。一方面，由于信息不对称与交易成本，公司储备现金可以降低公司的外部融资成本进而提升公司价值。Mikkelson 和 Partch（2003）发现，为了支持公司成长，公司会持有高额现金，并且持续的高额持现没有导致公司业绩变差。Pinkowitz 和 Williamson（2004）也发现公司的成长机会对现金持有价值具有影响。另一方面，代理成本的存在会负向影响上市公司的现金使用效率。Pinkowitz 等（2006）检验了国家层面上公司现金持有量与公司价值之间的关系，结果显示在投资者保护较差的国家，公司现金持有的价值较低，揭示了代理成本与效率损失的存在。Dittmar 和 Mahrt-Smith（2007）从公司治理结构的角度分析了公司持有现金的市场价值，他们发现治理水平较高的公司持有的现金市场价值越高，公司治理失效的公司因浪费现金资源而使得公司价值降低。然而，Harford 等（2008）的研究发现治理差的公司现金储备较少，这主要是因为管理层将现金用于资本支出和进行并购，而这些活动被证明是损害公司价值的行为。Liu 和 Mauer（2011）从管理层薪酬出发的研究发现上市公司高额持现会引导管理层更加激进和冒险，但管理层的冒险行为却会降低公司持现的市场价值。Palazzo（2012）基于外部融资成本高的假设构建模型，发现现金流与经济震荡之间的关系越紧密，公司更倾向于持有更多现金以备未来的不时之需，支持现金持有的预防性动机，而且进一步的检验发现公司的现金持有与股票回报正相关。

国内学者主要从公司治理、财务状况、制度背景以及宏观政策等角度出发，分析上市公司现金持有的影响因素及经济后果。辛宇和徐莉萍（2006）认为上市公司的公司治理结构越好，现金持有水平也越合理，持有超额现金或出现现金短缺的情况也越少。杨兴全和孙杰（2007）的研究发现公司的现金持有水平与其财务状况和公司治理机制相关。杨兴全和张照南（2008）指出由于我国投资者保护环境较差，上市公司持有现金的代理成本大于应对资金需求带来的收益而使公司价值受损。同时，他们还发现上市公司的国有股权性质降低了公司的现金持有价值。陆正飞和张会丽（2010）针对集团公司内部现金分布的研究发现，子公司持现高是管理层寻租的结果，因为理性投资者在现金定价时给予了显著折价。

但是另外一些文献并不支持现金持有的代理动机，彭桃英和周伟（2006）认为我国企业高额持现的原因可以用权衡理论来解释。祝继高和陆正飞（2009）从宏观经济角度出发，检验货币政策与企业现金持有的关系。他们发现在货币政策紧缩的环境下，企业倾向于提高现金持有水平应对外部的融资约束，支持权衡理论和现金持有的预防性动机。陆正飞和韩非池（2013）指出宏观政策能在一定程度上通过投资机会影响企业的现金持有效应，他们发现产业政策计划支持的企业现金持有价值显著更高。罗琦和秦国楼（2009）指出投资者保护较好的情况下，公司持现水平会较高，而且现金价值并没有因此降低，他们认为较好的投资者保护可以限制终极控股股东对公司现金资产的滥用。王彦超（2009）试图分析融资约束对现金持有政策的决定作用，他发现融资约束的企业更依赖于内部现金流，而无融资约束的企业更容易过度投资。因此他认为融资约束能够降低现金持有的代理成本。

总结上述文献，仅有少量文献涉及考察控股股东的代理动机对上市公司现金持有水平的影响。罗琦和胡志强（2011）考察了在控股股东道德风险所导致的融资约束下，公司的现金持有策略及现金持有价值。他们认为，外部投资者能够预期到控股股东的侵占动机，对公司股票给予较低的估价，因此造成公司的融资约束。在这样的背景下，控股股东出于对自身利益的维护而从现金流中积累更多的现金资源。本章则重点关注大股东对上市公司现金的实际侵占受到哪些因素的影响，以及上市公司资源被大股东侵占后的经济后果，以期补充和发展现有文献。

7.2.2 研究假说的提出

随着我国经济改革与发展的不断深化，为了整合资源和降低交易成本，企业的组织形式越来越倾向于构建企业集团。Khanna 和 Yafeh（2007）对新兴市场的企业集团进行了深入的研究，他们发现企业集团是应对不同经济条件的产物，其形成、流行乃至演化都受到很多因素的影响，如法律制度、司法体系等外部因素，或家族因素等，其扮演的角色往往也十分复杂，既可能是其他企业的“典范”，也可能是市场中的“寄生虫”。针对我国而言，由于我国资本市场并不完善，很多企业面临着融资壁垒，企业集团的构建就显得尤为必要。但是，陆正飞和张会丽（2010）指出，如果企业集团的控制链中存在一个或多个可以从外部资本市场吸纳资金的上市公司，这些上市公司会很自然地成为集团运营中现金的来源，企业集团会将资金通过内部资本市场向集团内部其他成员企业输送，进而实现集团的内部资本配置。

与欧美构建的 M 型组织不同，我国的企业集团一般是通过控股关系形成的，由多个法人实体组成的经济实体。因此，企业集团内部各成员公司一般是独立的法人实体，所以企业集团内部资金的资源流动在一定程度上会受到外部法律制度的约束。但是，这种限制并不代表我国企业集团内部的资本市场不能发挥其资金配置作用。已有文献指出集团内部资金可以经由资金拆借、委托贷款、代垫款、转移定价、关联交易、现金分红等众多方式来实现（刘峰和贺建刚，2004；万良勇和魏明海，2006），或以“其他应收款”的名义直接实现资金的转移（姜国华和岳衡，2005）。本章所关注的关联存款，即上市公司存放在集团财务公司中的现金资源，则是企业集团内部资本市场作用的体现。

邵军和刘志远（2007）通过对鸿仪系的内部资本市场效率考察发现，企业集团内部的资本配置是无效率的，他们指出，企业集团在内部资本的配置过程中，效率的原则服从于最终控制人的“战略”需要。纳鹏杰和纳超洪（2012）也提到，集团为了自身的效率最大化考虑，可能会实施通过财务公司侵占上市公司的行为。因此，上市公司将资金存放在财务公司形成的关联存款，是否是企业集团控股股东自利行为的体现呢？

股权结构对上市公司的影响十分重要，在传统的英美公司中股权较为分散，第一类代理问题十分严重。然而，在例如我国这样的股权集中的国家，第二类代理问题更为突出，因而大股东制衡机制可能更为重要。已有文献主要从第一大股东与公司价值、资金侵占等方面的关系进行研究。孙永祥和黄祖辉（1999）研究表明，第一大股东的持股比例与公司的托宾 Q 值呈倒 U 型关系，然而，白重恩等（2005）的研究结论与此相反，他们发现第一大股东持股比例与公司价值呈 U 型关系。同时，第一大股东的持股比例会直接影响大股东的掏空行为（Jensen and Meckling，1976；Morck 等，1988）。他们发现随着第一大股东持股比例不断由低向高变化，大股东的侵占行为表现为由初时的壕沟防御效应转变为后来的利益协同效应。李增泉等（2004）对国内上市公司的研究也支持上述观点，即第一大股东比例与资金占用之间存在显著的非线性关系。综合上述文献，我们发现关于第一大股东在公司中发挥的作用并无定论，这主要是因为公司大股东基于各自的战略意图会表现出不同的行为选择（唐跃军和谢乃明，2006）。

就本章关注的关联存款而言，在控股股东机会主义的动机下，控股股东基于自身利益的考虑倾向于形成更多的关联存款。然而，当控股股东持股比例较低时，其他股东形成联盟共同制约大股东的自利行为的能力较强，此时其他股东担心大股东会通过增加关联存款实现资金占用目的，从而对关联存款越敏感，也越尽力限制关联存款的增加。但是当第一大股东持股比例较高时，虽然其他股东也会担心大股东会通过增加关联存款实现资金占用目的，但由于大股东有更强的话语权，而其他股东能力有限且力量分散，因此，随着大股东持股比例进一步提高，控制力也不断增大，因而大股东更有能力增加关联存款。

假设 H1：第一大股东持股比例与关联存款比率呈先降后升的趋势，即 U 型关系。

现金持有的预防性动机（Bates 等，2009）指出，公司持有现金可以缓解公司的融资约束和提高公司资产的流动性，因而增加现金持有的市场价值。然而，在控股股东机会主义动机的支配下，控股股东对关联存款资金的占用是自利行为，会引发控股股东与中小股东之间的代理问题，此时代理成本可能高于公司基于预防性动机持有现金带来的收益，继而引起上市公司市场价值的下降。因此，我们试图通过考察理性投资者对关联存款比率高低的反应，对关联存款比率高的上市公司现金使用效率进行检验。我们认为，如果关联存款比率高的上市公司现金价值存在明显折价，则表明关联存款比率高是控股股东自利行为的结果。

假设 H2：与关联存款比率较低的上市公司相比，关联存款比率较高的上市公司持有现金的价值更低。

7.3 研究设计与样本选择

7.3.1 研究设计

上市公司在财务公司存放关联存款占现金的比重，首先要受到经营需要或公司总体战略的影响。因此，我们在研究影响关联存款占现金比重的因素时，首先对上市公司的规模、资产负债率、盈利能力等因素加以控制；考虑到公司进行正常的经营活动会影响企业的持现水平，我们同时对经营活动净现金流加以控制；另外，考虑到公司会进行投资等重大战略决策，我们对资本支出也加以控制。为了检验我们的研究假说，我们建立如下回归模型（7-1）检验本章的假说 1：

$$Rdc_{i,t} = \beta_0 + \beta_1 Size_{i,t} + \beta_2 Lev_{i,t} + \beta_3 Roa_{i,t} + \beta_4 Ncf_{i,t} + \beta_5 Loss_{i,t} + \beta_6 Growth_{i,t} + \beta_7 Capexp_{i,t} + \delta_1 \times Top1_{i,t} + \delta_2 \times Top1^2_{i,t} + Yeareffect + Industryeffect + \varepsilon_{i,t} \quad (7-1)$$

其中，因变量为关联存款比率（*Rdc*），表示为上市公司在财务公司存放的关联存款占现金的比重。自变量为公司规模（*Size*）、杠杆率（*Level*）、盈利能力（*Roa*）、现金流能力（*Ncf*）、亏损与否（*Loss*）、主营业务收入增长率（*Growth*）、资本支出（*Capexp*）以及第一大股东持股比例（*Top*1）。基于上文提出的假说 H1，我们预期 δ_1 的符号为负，δ_2 的符号为正。

为进一步验证上市公司关联存款比率高是大股东代理动机的体现，我们考察上市公司的现金持有价值在上市公司关联存款比率不同情况下的差异。借鉴 Pinkowitz 和 Williamson（2004）、Pinkowitz 等（2006）、陆正飞和张会丽（2010）的研究，在计量上市公司的现金持有价值时，我们采用了修正的 Fama 和 French（1998）的经典价值回归模型来检验本章的假说 2：

$$MV_{i,t} = \beta_0 + \beta_1 DMV_{i,t+1} + \beta_2 Oi_{i,t} + \beta_3 Doi_{i,t} + \beta_4 Doi_{i,t+1} + \beta_5 Dnc_{i,t} + \beta_6 Dnc_{i,t+1} + \beta_7 Capexp_{i,t} + \beta_8 Dcapexp_{i,t} + \beta_9 Dcapexp_{i,t+1} + \beta_{10} Fin_{i,t} + \beta_{11} Dfin_{i,t} + \beta_{12} Dfin_{i,t+1} + \beta_{13} Div_{i,t} + \beta_{14} Ddiv_{i,t} + \beta_{15} Ddiv_{i,t+1} + \delta_1 \times Rdmd_{i,t} + \delta_2 \times Cash_{i,t} + \delta_3 \times Rdmd \times Cash_{i,t} + Yeareffect + Industryeffect + \varepsilon_{i,t} \quad (7-2)$$

其中，因变量为市场价值（*MV*），自变量为公司营业利润（*Oi*）、非现金资产（*Nc*）、资本支出（*Capexp*）、财务费用率（*Fin*）、现金鼓励支付（*Diva*）以及现金持有水平（*Cash*）。模型（7-2）中所有变量经总资产标准化，$Dx_{i,t}$ 表示当期的变化值，$Dx_{i,t+1}$ 表示下一期的变化值，并对行业和年度效应加以控制。现金持有水平（*Cash*）的系数 δ_1 表示市场对公司每增加 1 元现金的边际定价情况。为了检验本章的研究假说 2，我们将关联存款比率（*Rdc*）按照中位数分组，设置虚拟变量（*Rdmd*），高于中位数的观测取值为 1，否则为 0，并设置与现金持有水平（*Cash*）的交互项。根据上文的研究假说 2，我们预期交互项 δ_3 的系数显著为负。

具体的变量定义见表 7-1。

表 7-1　主要变量的定义和计算方式

变量类型	变量名称	含义	计算方式
被解释变量	*MV*	现金持有价值	（年末股价×流通股股数+年末股价 0.45×非流通股股数+负债）/总资产
解释变量	*Cash*	现金比率	（现金+短期投资或交易性金融资产）/总资产
	Rdc	关联存款比率	关联存款占现金的比重
	Top1	第一大股东持股比例	第一大股东持股/总股数
控制变量	*Size*	资产规模	总资产的自然对数
	Level	杠杆水平	总负债/总资产
	Roa	盈利能力	净利润/总资产
	Ncf	现金流能力	经营活动净现金流/总资产
	Capexp	资本支出	（购建固定资产、无形资产与其他长期资产所支付的现金-处置固定资产、无形资产和其他长期资产收回的现金净额）/总资产
	Growth	营业收入增长率	（本期营业收入-上期营业收入）/上期营业收入
	Divd	现金股利哑变量	如果上市公司该财年分配现金股利，定义为1，否则为0
	Oi	营业利润率	营业利润/总资产
	Loss	是否亏损	如果上市公司该财年亏损，定义为 1，否则为 0
	Nca	非现金资产	（总资产-现金资产）/总资产
	Fin	财务费用率	财务费用/总资产
	Div	现金股利支付	上市公司分配股利支付的现金/总资产

7.3.2　样本选择

本章选取的研究样本为我国证券市场中 2007—2012 年签订了《金融服务协议》的所有 A 股上市公司。我们首先根据《企业集团财务公司年鉴》整理出财务公司名单，然后鉴别出财务公司集团大股东，再对应该集团控股的所有下属上市公司。其次根据上市公司名单，搜集各家上市公司发布《金融服务协议》的公告，并通过年报进行进一步确认。最后再从年报中披露的货币资金项目或关联交易项目提取相关的关联存款余额数据。相关财务数据和公司治理数据来自 CSMAR 数据库，Wind 数据库和 CCER 数据库。按照同类研究的惯例，我们对金融业样本进行了剔除，同时剔除了财务数据缺失的观测，最后得到 676 个观测值。同时，为了剔除极端值的影响，本章对主要连续变量进行了 1%~99%水平的 winsorize 处理。

表 7-2 给出了主要变量关联存款比率（*Rdc*）的年度特征，从 2007—2012 年，关联存款比率（*Rdc*）处于略微下降的趋势，但仍能达到 26%的比重，说明控股股东占用上市公司现金资源的现象仍然很严重。

表 7-2　关联存款比率（Rdc）的年度特征

年份	N	均值	标准差	最小值	中位数	最大值
2007	55	0. 330	0. 303	0	0. 227	1. 028
2008	69	0. 319	0. 285	0	0. 230	0. 998
2009	91	0. 296	0. 268	0	0. 238	0. 988
2010	122	0. 293	0. 254	0	0. 255	0. 895
2011	145	0. 264	0. 233	0	0. 218	0. 837
2012	175	0. 260	0. 261	0	0. 178	0. 995

7. 4　实证结果与稳健性检验

7. 4. 1　描述性统计与相关性检验

表 7-3　主要变量的描述性统计结果

变量	N	均值	标准差	最小值	中位数	最大值
MV	676	2. 177	1. 953	0. 650	1. 665	34. 17
Rdc	657①	0. 284	0. 261	0	0. 226	1. 028

① 在收集数据的过程中，由于某些公司未披露与关联存款相关的信息，因此造成缺失值。

续表

变量	N	均值	标准差	最小值	中位数	最大值
*Sharetop*1	676	0.432	0.151	0.117	0.430	0.864
Size	676	22.830	1.529	19.890	22.670	27.810
Lev	676	0.567	0.206	0.114	0.562	1.994
Roa	676	0.038	0.061	-0.283	0.033	0.664
Divd	676	0.678	0.468	0	1	1
Ncf	676	0.063	0.125	-0.577	0.0547	1.559
Loss	676	0.092	0.289	0	0	1
Growth	676	0.003	0.006	-0.007	0.002	0.069
Capexp	676	0.080	0.088	-0.265	0.059	0.672
Cash	676	0.208	0.273	0.00432	0.142	5.039
Oi	676	0.050	0.092	-0.223	0.037	1.245
Fin	676	0.014	0.017	-0.095	0.011	0.147
Na	676	1.041	0.474	0.360	0.975	6.088
Diva	676	0.013	0.020	0	0.006	0.199

表7-3报告了主要变量的描述性统计结果。现金持有价值（Marketv）的均值为2.177，表明平均来说样本上市公司的市场价值是其账面价值的2.177倍。关联存款比率（Rdc）的均值为0.284，说明关联存款占现金持有水平的比重平均达到28.4%，表明关联存款在上市公司的现金资源中占用相当的比重。现金持有水平（Cash）的均值为0.208，说明样本上市公司的现金持有水平平均为总资产的20.8%，表明近年来上市公司持有的现金资源处于比较高的水平。

表7-4报告了主要变量的相关系数表。现金持有水平（Cash）与市场价值（MV）之间的相关系数分别为0.692和0.421①，且在1%的水平上显著，而关联存款比率（Rdc）与市场价值（MV）之间的相关系数分别为-0.023和-0.039，但不显著。其余变量之间的相关系数基本不超过0.5，表明本章的回归结果不受多重共线性问题的影响。

① 前者为Pearson相关性系数，后者为Spearman相关性系数。

表 7-4　主要变量的相关系数

变量	*MV*	*Rdc*	*Sharetop1*	*Size*	*Lev*	*Roa*	*Divd*	*Ncf*	*Loss*	*Growth*	*Capexp*	*Cash*	*Oi*	*Fin*	*Na*	*Diva*
MV	1	-0.039	0.025	-0.458***	-0.264***	0.229***	0.039	0.129***	-0.151***	0.258***	0.026	0.421***	0.407***	-0.289***	0.154***	0.230***
Rdc	-0.023	1	0.052	0.072*	-0.081**	0.063	0.084**	0.138***	-0.054	0.027	-0.041	-0.105***	0.108***	-0.048	0.011	0.086**
Sharetop1	0.054	0.033	1	0.358***	-0.058	0.243***	0.258***	0.170***	-0.082**	0.091**	0.176***	-0.053	0.246***	-0.149***	0.118***	0.353***
Size	-0.304***	0.037	0.403***	1	0.348***	0.054	0.154***	0.218***	-0.032	0.063	0.312***	-0.366***	0.009	0.144***	0.235***	0.118***
Lev	-0.159***	-0.080**	-0.068*	0.269***	1	-0.454***	-0.216***	-0.017	0.164***	0.013	-0.04	-0.360***	-0.399***	0.498***	0.175***	-0.347***
Roa	0.101***	0.094**	0.158***	0.069*	-0.358***	1	0.422***	0.247***	-0.294***	0.053	0.172***	0.343***	0.712***	-0.470***	-0.055	0.621***
Divd	0.037	0.064	0.256***	0.169***	-0.242***	0.334***	1	0.203***	-0.351***	0.092**	0.137***	0.201***	0.487***	-0.235***	0.036	0.532***
Ncf	0.425***	0.083**	0.164***	0.114***	-0.066*	0.182***	0.160***	1	-0.146***	0.184***	0.283***	0.054	0.438***	-0.027	0.068*	0.341***
Loss	-0.090**	-0.036	-0.081**	-0.038	0.156***	-0.125***	-0.351***	-0.118***	1	-0.247***	-0.122***	-0.240***	-0.484***	0.215***	-0.064*	-0.362***
Growth	0.567***	-0.013	0.114***	-0.04	-0.012	0.008	0.092**	0.360***	-0.133***	1	0.213***	0.153***	0.351***	0.009	0.376***	0.189***
Capexp	0.198***	-0.019	0.151***	0.201***	-0.077**	0.120***	0.099**	0.248***	-0.087**	0.169***	1	-0.148***	0.143***	0.130***	0.491***	0.191***
Cash	0.692***	-0.089**	0.028	-0.219***	-0.158***	0.143***	0.162***	0.477***	-0.142***	0.496***	0.057	1	0.418***	-0.520***	-0.331***	0.266***
Oi	0.645***	0.074*	0.214***	-0.009	-0.304***	0.434***	0.365***	0.575***	-0.412***	0.523***	0.217***	0.617***	1	-0.444***	0.088**	0.685***
Fin	-0.230***	0.003	-0.102***	0.080**	0.396***	-0.302***	-0.213***	-0.112***	0.193***	0.001	0.124***	-0.429***	-0.370***	1	0.355***	-0.325***
Na	0.556***	-0.012	0.132***	-0.003	0.002	-0.027	0.057	0.226***	-0.057	0.605***	0.471***	0.257***	0.397***	0.301***	1	0.047
Diva	0.443***	0.124***	0.308***	0.006	-0.310***	0.441***	0.335***	0.508***	-0.204***	0.226***	0.197***	0.400***	0.697***	-0.321***	0.166***	1

注：*、**、*** 分别表示在 10%、5%、1%的水平下显著，左下三角为 Pearson 相关性系数，右上三角为 Spearman 相关性系数。

7.4.2 实证结果与分析

表 7-5 关联存款比率影响因素回归结果

变量	Dependent Variable = $Rdc_{i,t}$		
	(1)	(2)	(3)
Size	-0.017*		-0.020**
	(-1.96)		(-2.08)
Lev	-0.084		-0.073
	(-1.41)		(-1.22)
Roa	0.385**		0.408**
	(2.08)		(2.21)
Ncf	0.069		0.063
	(0.74)		(0.68)
Loss	-0.027		-0.028
	(-0.76)		(-0.79)
Growth	0.056		-0.059
	(0.03)		(-0.03)
Capexp	-0.494***		-0.487***
	(-3.83)		(-3.78)
*Top*1		-0.628*	-0.664**
		(-1.94)	(-2.06)
$Top1^2$		0.630*	0.734**
		(1.76)	(2.03)
Constant	0.781***	0.527***	0.972***
	(4.05)	(5.07)	(4.47)
Year FE	Yes	Yes	Yes
Industry FE	Yes	Yes	Yes
Observations	657	657	657
R-squared	0.1423	0.1135	0.1480

注：*、**、*** 分别表示在 10%、5%、1%的水平下显著。

表 7-5 是关联存款比率影响因素的回归结果。从第（1）列可以看出，公

司规模（*Size*），资本支出（*Capexp*）与关联存款比率（*Rdc*）均为显著负相关，表明上市公司规模越大，资本投入越多，其关联存款比率越低。上市公司规模越大，其现金持有水平越高，可能导致关联存款占上市公司现金资源中的比重较低。而上市公司资本支出越多，其现金持有水平就越低，此时存放在财务公司的关联存款也就较少，符合预期。同时，公司的盈利能力（*Roa*）与关联存款比率（*Rdc*）为显著正相关，表明当上市公司的盈利能力越好时，上市公司越希望将现金资源存放在财务公司，形成更多的关联存款。

第（2）列的回归结果主要考察大股东持股比例对关联存款比率的影响。结果显示，大股东持股比例（*Top*1）的系数显著为负（-0.628），而大股东持股比例的平方项（$Top1^2$）的系数显著为正（0.630），表明大股东持股比例与关联存款比率之间存在 U 型关系，即当大股东持股比例大于 49.84%（$\frac{0.628}{0.63 \times 2}$）时，大股东持股比例越高，关联存款比率越低，而当大股东持股比例大于 49.84%时，大股东持股比例与关联存款比率呈显著正相关关系。第（3）列的回归结果加入了其他影响因素。大股东持股比例（*Top*1）及其平方项（$Top1^2$）的系数与第（2）列一致，大股东持股比例（*Top*1）的系数显著为负（-0.664），而大股东持股比例的平方项（$Top1^2$）的系数显著为正（0.734），说明在控制了其他影响因素的情况下，大股东持股比例与关联存款比率之间仍然存在 U 型关系，且拐点在 45.23%（$\frac{0.664}{0.734 \times 2}$）。

我们认为，大股东持股比例与关联存款比率之间呈 U 型关系的主要原因是：当大股东持股比例在 50%以下时，大股东从动机上讲当然希望增加关联存款，因此，大股东持股比例越大，其他股东就越担心大股东会通过增加关联存款实现资金占用目的，从而对关联存款越敏感，也越尽力限制关联存款的增加；当大股东持股比例在 50%以上时，大股东持股比例越大，其他股东也会越担心大股东会通过增加关联存款实现资金占用目的，但由于大股东处于绝对控制地位，其他股东能力有限且力量分散，因此，随着大股东持股比例进一步提高，控制力也不断增大，因而大股东更有能力增加关联存款。

表 7-6 报告了关联存款比率的高低对现金持有水平与现金持有价值关系的影响结果。我们分别采用了三种回归模型对上述关系进行了检验，分别为混合回归模型，随机效应模型和固定效应模型。经 Breusch 和 Pagan 的 LM 检验和 Hausman 检验，拒绝混合回归模型和面板数据的随机效应模型，采用面板数据的固定效应模型得到的回归结果。

回归结果显示，列（5）中现金持有水平（*Cash*）的系数为 1.348 且显著，说明样本中上市公司持有 1 元现金的价值为 1.348 元。列（6）中现金持有水平（*Cash*）的系数显著为正，关联存款比率与现金持有水平的交叉项（*Cash×Rdmd*）的系数显著为负，说明关联存款比率较高的上市公司其现金持有价值（0.787=1.812-1.025）显著低于关联存款比率较低的上市公司的现金持有价值（1.812）。以上结果显示，关联存款占上市公司现金资源的比重负向影响上市公司的现金持有价值，这表明关联存款的存在更可能是大股东与中小股东代理问题的体现，即大股东侵占上市公司资金有损上市公司的现金持有价值。

7.4.3 稳健性检验结果

由于上市公司持有现金的动机不尽一致，也有文献认为上市公司持有现金是为了克服融资约束和进行高效投资，为了进一步验证“代理成本说”在假设 2 中起主导作用，我们将样本按照成长机会①分为成长机会好和成长机会差两个子样本，进一步考察不同成长机会条件下关联存款高低对现金持有水平与现金持有价值的关系。表 4-7 报告了不同成长机会条件下，关联存款比率高低对现金持有水平与现金持有价值之间关系的影响结果。结果显示，无论在成长机会好还是成长机会差的样本中，交叉项（*Cash×Rdmd*）的系数均显著为负，表明关联存款比率高的上市公司现金持有价值显著更低。上述稳健性测试进一步验证了关联存款比率高是代理成本所导致的。

① 此处的成长机会使用的是 Tobin Q 值（王春飞等，2010）来衡量的。

另外，本章还对研究结论的可靠性进行了多重稳健性测试，具体如下：

（1）为保证本章结果不受因变量市场价值衡量方法的影响，本章还参考 Bai 等（2004）和白重恩等（2005）的研究，将流通股价格折价 70%、80%计算非流通股价格，以此度量市场价值，重复上述回归。表 7-8 报告了回归结果，与原有结果一致，说明本章结果不受市场价值度量方式的影响。

（2）我们改用按照行业年度中位数和均值调整后的现金水平替代原有的现金比率，重新对关联存款比率与现金持有价值的模型进行回归，表 7-9 的回归结果显示结论保持不变。

（3）杨兴全和张照南（2008）的研究认为，用经营活动现金流净额替代主营业务利润能够有效避免因盈余管理带来的对公司获利能力的扭曲，因此我们按照他们的方式重新进行回归，发现回归结果（见表 7-10）与原有结果保持一致，说明不同的变量衡量并不影响本章的研究结论。

上述稳健性测试的结果表明，本章研究所得到的结论具有较强的稳定性和可靠性。

7.5　研究结论

首先本章检验第一大股东的持股比例如何影响关联存款占现金的比重，研究发现，第一大股东的持股比例与关联存款占现金的比重呈现 U 型关系，即当第一大股东持股比例较低时，关联存款占现金的比重随第一大股东的持股比例增加而减少，而当第一大股东持股比例较高时，关联存款占现金的比重会随第一大股东的持股比例增加而增加。主要的原因是当第一大股东持股比例较低时，其他股东对大股东的制衡能力较强，因此可以限制关联存款的增加。而当第一大股东处于绝对控制的地位时，其他股东能力有限且力量分散，难以起到有效监督的作用，这使得大股东更有能力增加关联存款。

其次本章还考察了关联存款占现金的比重高低如何影响上市公司现金持有的价值。结果发现，与关联存款占比低的上市公司相比，关联存款占现金比重高的上市公司现金持有价值显著更低。这表明上市公司持有更多的关联存款源于大股东的代理动机。

进一步地，本章还试图排除其他竞争性假说，因此我们考察了在不同成长机会条件下关联存款比率高低对现金持有价值的影响。回归结果仍然支持代理成本说。

本章的研究结论表明，控股股东出于自身利益的考虑，有动机占用上市公司现金资源，而这种占用导致了上市公司的效率损失。基于上述研究结论，我们建议，上市公司应努力提高自身公司治理水平，限制控股股东对上市公司利益的损害，完善我国资本市场上投资者保护的建设。

表 7-6 关联存款水平、现金持有量与现金持有价值

变量	Dependent Variable = $MV_{i,t}$					
	混合回归模型		随机效应模型		固定效应模型	
	(1)	(2)	(3)	(4)	(5)	(6)
$Dmv_{i,t+1}$	−0.478***	−0.465***	−0.505***	−0.481***	−0.494***	−0.469***
	(−12.46)	(−11.77)	(−16.69)	(−15.61)	(−16.00)	(−14.92)
$Oi_{i,t}$	0.202	0.144	2.950***	2.619***	5.342***	4.489***
	(0.21)	(0.15)	(2.96)	(2.63)	(4.24)	(3.53)
$Doi_{i,t}$	3.700***	3.567***	1.944***	1.827**	0.322	0.478
	(4.49)	(4.30)	(2.71)	(2.57)	(0.39)	(0.58)
$Doi_{i,t+1}$	2.155***	2.094***	2.780***	2.616***	3.042***	2.761***
	(3.07)	(2.98)	(4.96)	(4.69)	(5.20)	(4.72)
$Dnc_{i,t}$	1.655***	1.646***	1.568***	1.556***	1.520***	1.502***
	(13.29)	(13.20)	(15.36)	(15.33)	(14.03)	(13.95)
$Dnc_{i,t+1}$	0.825***	0.810***	0.687***	0.656***	0.558***	0.533***
	(9.41)	(9.15)	(9.39)	(8.96)	(7.11)	(6.82)
$Capexp_{i,t}$	−1.525**	−1.532**	−1.429**	−1.439**	−1.266	−1.207
	(−2.18)	(−2.19)	(−2.03)	(−2.06)	(−1.57)	(−1.51)
$Dcapexp_{i,t}$	1.086	1.104	0.916	0.922	0.674	0.660
	(1.49)	(1.52)	(1.53)	(1.56)	(1.06)	(1.05)
$Dcapexp_{i,t+1}$	0.549	0.533	0.567	0.546	0.549	0.531
	(1.15)	(1.11)	(1.49)	(1.44)	(1.40)	(1.35)
$Fin_{i,t}$	−1.929	−1.276	−3.108	−1.429	−8.795	−5.602
	(−0.46)	(−0.30)	(−0.68)	(−0.31)	(−1.56)	(−0.99)

续表

变量	Dependent Variable = $MV_{i,t}$					
	混合回归模型		随机效应模型		固定效应模型	
	(1)	(2)	(3)	(4)	(5)	(6)
$Dfin_{i,t+1}$	-2.247	-1.853	-0.599	0.150	-1.057	0.076
	(-0.65)	(-0.54)	(-0.22)	(0.06)	(-0.37)	(0.03)
$Dfin_{i,t}$	-0.786	-0.727	0.735	0.415	4.960	3.927
	(-0.16)	(-0.15)	(0.17)	(0.10)	(1.06)	(0.84)
$Div_{i,t}$	8.204**	8.252**	6.739*	7.930**	4.648	6.726
	(2.47)	(2.49)	(1.79)	(2.11)	(1.02)	(1.48)
$Ddiv_{i,t}$	-1.871	-1.936	-3.242	-4.246	-2.687	-4.227
	(-0.53)	(-0.55)	(-1.10)	(-1.45)	(-0.85)	(-1.33)
$Ddiv_{i,t+1}$	8.291***	8.585***	5.261**	5.549**	4.003	4.394*
	(2.81)	(2.90)	(2.23)	(2.37)	(1.63)	(1.80)
$Cash_{i,t}$	0.988***	1.189***	1.205***	1.599***	1.348***	1.812***
	(4.40)	(4.59)	(5.50)	(6.47)	(5.56)	(6.55)
$Rdmd_{i,t}$		0.142		0.172**		0.176**
		(1.50)		(2.06)		(1.99)
$Rdmd_{i,t}$ * $Cash_{i,t}$		-0.464		-0.947***		-1.025***
		(-1.45)		(-3.32)		(-3.37)
Constant	2.169***	2.099***	1.967***	1.879***	1.684***	1.607***
	(7.83)	(7.43)	(4.86)	(4.60)	(10.81)	(9.97)
Year FE	YES	YES	YES	YES	YES	YES
Industry FE	YES	YES	YES	YES	NO	NO
Firm FE	NO	NO	NO	NO	YES	YES
Observations	676	676	676	676	676	676
R-squared	0.8158	0.8165			0.9063	0.9085
Code			187	187	187	187

注：括号内的数值为 t 值。*、**、*** 分别表示在 10%、5%、1%的水平下显著。

表 7-7　不同成长机会条件下的关联存款比率、现金持有量与现金持有价值

变量	Dependent Variable = $MV_{i,t}$			
	IO=1		IO=0	
	(1)	(2)	(3)	(4)
$Dmv_{i,t+1}$	-0.520***	-0.511***	-0.408***	-0.369***
	(-9.68)	(-9.37)	(-9.06)	(-7.61)
$Oi_{i,t}$	4.508**	3.693*	9.745***	8.430***
	(2.20)	(1.77)	(4.46)	(3.74)
$Doi_{i,t}$	0.126	0.350	-0.517	0.061
	(0.10)	(0.29)	(-0.38)	(0.04)
$Doi_{i,t+1}$	2.942***	2.753***	3.834***	3.506***
	(3.06)	(2.86)	(3.92)	(3.55)
$Dnc_{i,t}$	1.125***	1.096***	1.707***	1.694***
	(5.15)	(5.03)	(11.52)	(11.37)
$Dnc_{i,t+1}$	0.470***	0.474***	0.503**	0.506**
	(3.59)	(3.61)	(2.50)	(2.52)
$Capexp_{i,t}$	1.726	1.717	-3.711***	-3.526***
	(1.19)	(1.19)	(-3.31)	(-3.15)
$Dcapexp_{i,t}$	-0.800	-0.801	0.736	0.630
	(-0.80)	(-0.80)	(0.85)	(0.73)
$Dcapexp_{i,t+1}$	1.076	0.983	0.464	0.535
	(1.60)	(1.44)	(0.63)	(0.72)
$Fin_{i,t}$	8.153	8.420	-20.884***	-18.411***
	(0.72)	(0.74)	(-3.05)	(-2.67)
$Dfin_{i,t+1}$	8.550*	8.191	-8.683**	-8.450**
	(1.68)	(1.61)	(-2.26)	(-2.22)
$Dfin_{i,t}$	-3.960	-3.329	15.526***	13.844**
	(-0.47)	(-0.40)	(2.71)	(2.42)
$Div_{i,t}$	17.689**	19.092**	-21.641***	-16.389**
	(2.35)	(2.54)	(-2.86)	(-2.07)
$Ddiv_{i,t}$	-7.543	-8.625*	9.176**	6.816
	(-1.51)	(-1.72)	(2.02)	(1.46)

续表

变量	Dependent Variable = $MV_{i,t}$			
	IO=1		IO=0	
	(1)	(2)	(3)	(4)
$Ddiv_{i,t+1}$	6.670*	6.602*	-1.965	-0.421
	(1.81)	(1.79)	(-0.42)	(-0.09)
$Cash_{i,t}$	1.284***	2.311***	1.258***	1.522***
	(2.73)	(3.22)	(4.68)	(5.15)
$Rdmd_{i,t}$		0.261		0.066
		(1.57)		(0.62)
$Rdmd_{i,t} \times Cash_{i,t}$		-1.226*		-0.811**
		(-1.96)		(-1.99)
Constant	1.457***	1.265***	1.636***	1.600***
	(4.97)	(4.03)	(8.56)	(8.18)
Year FE	YES	YES	YES	YES
Firm FE	YES	YES	YES	YES
Observations	362	362	314	314
R-squared	0.7766	0.7810	0.9733	0.9740
Code	138	138	123	123

注：括号内的数值为 t 值。*、**、*** 分别表示在 10%、5%、1%的水平下显著。

表 7-8　稳健性检验（1）

变量	Dependent Variable = $MV_{i,t}$			
	非流通股股价按流通股的 30%折价		非流通股股价按流通股的 20%折价	
	(1)	(2)	(3)	(4)
$Dmv_{i,t+1}$	-0.506***	-0.470***	-0.510***	-0.471***
	(-16.29)	(-14.70)	(-16.37)	(-14.61)
$Oi_{i,t}$	6.776***	5.743***	7.334***	6.234***
	(4.73)	(3.99)	(4.82)	(4.09)
$Doi_{i,t}$	0.123	0.294	0.039	0.216
	(0.13)	(0.31)	(0.04)	(0.22)
$Doi_{i,t+1}$	3.942***	3.594***	4.293***	3.920***
	(5.95)	(5.45)	(6.11)	(5.61)

续表

变量	Dependent Variable = $MV_{i,t}$			
	非流通股股价按流通股的30%折价		非流通股股价按流通股的20%折价	
	(1)	(2)	(3)	(4)
$Dnc_{i,t}$	1.666***	1.638***	1.724***	1.693***
	(13.59)	(13.49)	(13.28)	(13.18)
$Dnc_{i,t+1}$	0.572***	0.528***	0.578***	0.525***
	(6.38)	(5.91)	(6.07)	(5.54)
$Capexp_{i,t}$	-1.225	-1.130	-1.214	-1.105
	(-1.34)	(-1.25)	(-1.25)	(-1.16)
$Dcapexp_{i,t}$	0.581	0.578	0.546	0.549
	(0.81)	(0.82)	(0.72)	(0.73)
$Dcapexp_{i,t+1}$	0.903**	0.927**	1.044**	1.085**
	(2.02)	(2.09)	(2.21)	(2.31)
$Fin_{i,t}$	-10.035	-6.264	-10.489	-6.527
	(-1.57)	(-0.98)	(-1.55)	(-0.97)
$Dfin_{i,t+1}$	-2.581	-1.401	-3.121	-1.945
	(-0.79)	(-0.43)	(-0.90)	(-0.57)
$Dfin_{i,t}$	6.540	5.248	7.194	5.812
	(1.23)	(1.00)	(1.28)	(1.05)
$Div_{i,t}$	3.291	5.840	2.759	5.514
	(0.64)	(1.14)	(0.51)	(1.02)
$Ddiv_{i,t}$	-1.352	-3.261	-0.818	-2.889
	(-0.38)	(-0.91)	(-0.22)	(-0.77)
$Ddiv_{i,t+1}$	2.989	3.437	2.575	3.066
	(1.08)	(1.26)	(0.88)	(1.06)
$Cash_{i,t}$	1.768***	2.421***	1.935***	2.664***
	(6.33)	(7.52)	(6.50)	(7.75)
$Rdmd_{i,t}$		0.189*		0.195*
		(1.89)		(1.83)
$Rdmd_{i,t} \times Cash_{i,t}$		-1.351***		-1.481***
		(-3.89)		(-4.01)

续表

变量	Dependent Variable = $MV_{i,t}$			
	非流通股股价按流通股的 30%折价		非流通股股价按流通股的 20%折价	
	(1)	(2)	(3)	(4)
Constant	1.788***	1.722***	1.828***	1.767***
	(10.11)	(9.47)	(9.75)	(9.18)
Year FE	YES	YES	YES	YES
Firm FE	YES	YES	YES	YES
Observations	676	676	676	676
R-squared	0.9196	0.9222	0.9219	0.9246
Code	187	187	187	187

注：括号内的数值为 t 值。*、**、*** 分别表示在 10%、5%、1%的水平下显著。

表 7-9　稳健性检验（2）

变量	Dependent Variable = $MV_{i,t}$			
	按照行业年度中位数调整		按照行业年度均值调整	
	(1)	(2)	(3)	(4)
$Dmv_{i,t+1}$	-0.506***	-0.477***	-0.535***	-0.507***
	(-16.55)	(-15.30)	(-17.88)	(-16.63)
$Oi_{i,t}$	5.572***	4.770***	5.866***	5.168***
	(4.42)	(3.77)	(4.57)	(4.04)
$Doi_{i,t}$	0.306	0.441	0.491	0.543
	(0.37)	(0.53)	(0.58)	(0.65)
$Doi_{i,t+1}$	3.133***	2.828***	3.338***	3.036***
	(5.35)	(4.84)	(5.64)	(5.15)
$Dnc_{i,t}$	1.525***	1.502***	1.603***	1.576***
	(13.91)	(13.80)	(14.61)	(14.49)
$Dnc_{i,t+1}$	0.568***	0.537***	0.614***	0.583***
	(7.21)	(6.85)	(7.79)	(7.43)
$Capexp_{i,t}$	-1.219	-1.164	-1.115	-1.043
	(-1.50)	(-1.45)	(-1.36)	(-1.28)
$Dcapexp_{i,t}$	0.611	0.601	0.537	0.537
	(0.96)	(0.96)	(0.83)	(0.84)

续表

变量	Dependent Variable = $MV_{i,t}$			
	按照行业年度中位数调整		按照行业年度均值调整	
	(1)	(2)	(3)	(4)
$Dcapexp_{i,t+1}$	0.620	0.610	0.646	0.681*
	(1.57)	(1.55)	(1.61)	(1.70)
$Fin_{i,t}$	-8.592	-4.826	-9.601*	-5.783
	(-1.52)	(-0.85)	(-1.67)	(-1.00)
$Dfin_{i,t+1}$	-0.800	0.461	-2.718	-1.376
	(-0.28)	(0.16)	(-0.94)	(-0.48)
$Dfin_{i,t}$	5.204	3.875	4.128	2.792
	(1.10)	(0.83)	(0.86)	(0.59)
$Div_{i,t}$	5.763	8.371*	5.708	7.435
	(1.26)	(1.83)	(1.23)	(1.61)
$Ddiv_{i,t}$	-3.551	-5.539*	-3.278	-4.664
	(-1.11)	(-1.73)	(-1.01)	(-1.45)
$Ddiv_{i,t+1}$	3.839	4.336*	4.335*	4.625*
	(1.55)	(1.77)	(1.73)	(1.87)
$Cash_{i,t}$			0.714***	1.240***
			(3.48)	(5.04)
$Rdmd_{i,t}$		0.011		-0.031
		(0.15)		(-0.43)
$Rdmd_{i,t} \times Cash_{i,t}$		-1.265***		-1.127***
		(-3.70)		(-3.75)
Constant	1.889***	1.884***	1.902***	1.918***
	(11.99)	(11.69)	(11.70)	(11.57)
Year FE	YES	YES	YES	YES
Firm FE	YES	YES	YES	YES
Observations	676	676	676	676
R-squared	0.9054	0.9081	0.9026	0.9055
Code	187	187	187	187

注：括号内的数值为 t 值。*、**、*** 分别表示在10%、5%、1%的水平下显著。

表 7-10　稳健性检验（3）

变量	Dependent Variable = $MV_{i,t}$	
	(1)	(2)
$Dmv_{i,t+1}$	-0.501***	-0.465***
	(-15.56)	(-14.36)
$Ncf_{,t}$	0.992	0.801
	(1.34)	(1.10)
$Dncf_{i,t}$	-0.015	0.167
	(-0.03)	(0.37)
$Dncf_{i,t+1}$	0.303*	0.310*
	(1.69)	(1.77)
$Dnc_{i,t}$	1.752***	1.690***
	(16.33)	(15.94)
$Dnc_{i,t+1}$	0.769***	0.708***
	(9.69)	(8.97)
$Capexp_{i,t}$	-1.622*	-1.519*
	(-1.91)	(-1.83)
$Dcapexp_{i,t}$	0.782	0.752
	(1.18)	(1.16)
$Dcapexp_{i,t+1}$	0.388	0.357
	(0.92)	(0.86)
$Fin_{i,t}$	-10.165*	-5.072
	(-1.71)	(-0.86)
$Dfin_{i,t+1}$	-4.688	-2.267
	(-1.58)	(-0.77)
$Dfin_{i,t}$	2.474	0.970
	(0.50)	(0.20)
$Div_{i,t}$	13.429***	14.217***
	(3.11)	(3.36)
$Ddiv_{i,t}$	-2.226	-4.230
	(-0.71)	(-1.38)

续表

变量	Dependent Variable = $MV_{i,t}$	
	(1)	(2)
$Ddiv_{i,t+1}$	9.241***	8.915***
	(3.86)	(3.80)
$Cash_{i,t}$	1.716***	2.301***
	(6.72)	(8.30)
$Rdmd_{i,t}$		0.267***
		(2.93)
$Rdmd_{i,t}\times Cash_{i,t}$		-1.489***
		(-4.86)
Constant	1.660***	1.549***
	(10.10)	(9.25)
Year FE	YES	YES
Firm FE	YES	YES
Observations	676	676
R-squared	0.8970	0.9019
code	187	187

注：括号内的数值为t 值。*、**、*** 分别表示在 10%、5%、1%的水平下显著。

第 8 章　大股东代理问题与上市公司盈余持续性①

8.1　引言

会计信息质量在当前的经济生活中显得尤为重要，Watts 和 Zimmerman（1990）发现，会计信息对于股票定价、债务契约和管理层薪酬契约订立等活动具有参考价值，其质量高低对企业的正常经营与发展都会有影响。企业的盈余持续性作为衡量会计信息质量的重要指标，是企业向外界投资者传递企业在一定会计期间内经营成果好坏的信号。盈余持续性强往往是公司价值高的表现（Collins and Kothari，1989），意味着本期的盈利能力能在未来继续保持，相反，盈余持续性弱则表明本期的盈利仅仅是短期现象，未来缺乏持续的可能。盈余持续性反映了会计盈余的可靠性，对于投资者做出准确的投资决策具有十分关键的作用，同时也对资本市场的稳定和发展具有重要意义。

近年来，与集团财务公司签订关联《金融服务协议》的上市公司数量逐年增加。然而，由于中小股东对上市公司与其关联财务公司之间的关联交易有所顾虑，因此为保护外部中小投资者利益，上市公司与关联的集团财务公司签订的《金融服务协议》中一般会为存款项目设定一个上限，如不超过一个确切的数值，或最近一期经审计货币资金的50%，经审计净资产的5%，经审计总资产的5%，销售收入的25%，财务公司吸收存款的30%等，以防范企业集团内对上市公司资金的过度占用。但是在实际的实施过程中，某些上市

① 原文发表于2017年第5期的《会计研究》（原文作者为窦欢和陆正飞），这里有所改动。

公司在年报中披露的关联存款余额却总是大于《金融服务协议》规定的上限，这表明这些上市公司的大股东资金占用行为十分严重，那么控股股东过度的资金占用行为会对上市公司产生什么损害呢?

已有文献（Jiang 等，2010）发现大股东的资金占用行为会显著负向影响公司未来一期的经营业绩。然而，本章的研究对象是上市公司存放在财务公司的现金，与 Jiang 等（2010）大股东直接占用资金的方式不同，关联存款记录在上市公司财务报表的货币资金项目中，是上市公司现金资产的一部分。上市公司仍然拥有这部分现金的控制权，可以利用这部分资金进行必要的经营活动，因此我们认为大股东对关联存款的占用并不会立刻损害经营绩效。但是，如前章研究的发现，由于控股股东的代理动机，占用上市公司资金的行为使得上市公司持有现金的使用效率受到损害。那么在控股股东过度占用上市公司资金的情况下，上市公司的长期绩效是否会受到损害呢？本章拟对此问题展开讨论。

本章以关联存款年末余额是否超过《金融服务协议》[①] 中设定的存款项目上限作为衡量控股股东是否过度占用上市公司资金的变量，考察集团公司过度占用上市公司资金的行为是否会影响公司的盈余持续性。研究发现，控股股东过度占用上市公司资金显著负向影响上市公司的主营业务盈余持续性。具体而言，控股股东对上市公司资金占用的行为越严重，上市公司的主营业务盈余持续性越差。进一步地研究发现，上述关系在不同成长性和股权性质的上市公司中有所差异。同时，我们发现机构投资者持股比例可以显著降低控股股东过度占用资金对盈余持续性的负向影响。

本章的贡献可能有如下几点：首先，本章的研究关注集团中控股股东对上市公司资金的占用行为对于盈余持续性的影响，验证了大股东代理问题对盈余质量的负向影响，丰富和扩展了已有研究盈余持续性的文献，同时也丰富了以往研究控股股东资金占用经济后果的文献；其次，本章的研究结论显

---

① 《金融服务协议》的通过是得到了董事会和股东会的批准，按照《金融服务协议》中存款项目规定上限内的关联存款并不算是控股股东的过度资金占用行为。因此，我们认为当关联存款超过“上限”，才应该理解为控股股东的过度资金占用行为。

示，控股股东过度占用资金的行为对不同成长性和股权性质的上市公司的影响是不一致的，补充了大股东掏空的文献；最后，本章的研究发现机构投资者比例高可以抑制大股东代理问题引起的盈余质量下降，拓展了已有的机构投资者作为积极治理者的研究文献。

本章余下部分的结构安排如下：第 2 部分为文献回顾与研究假说；第 3 部分为研究设计与样本选择；第 4 部分为描述性统计与实证结果分析；第五节是对本章的总结。

8.2　文献回顾与研究假说

8.2.1　文献回顾

财务报表中披露的会计盈余反映的是企业在一定的会计期间内经营活动的成果。近来的理论分析和经验证据均表明，会计盈余在公司估值和契约制定等方面的作用十分重要，可持续的会计盈余一般是经济活动稳定发展的表现，有助于降低风险和增加公司价值，因此盈余持续性对于外界投资者做出投资决策具有重要的参考价值。

国内外学者对此进行了大量研究。一些学者从会计政策的角度入手，分析构成利润会计的应计部分与现金流部分不同的持续性对整个会计盈余持续性的影响（Sloan，1996；Xie，2001；Richardson 等，2005）。Lipe（1990）指出盈余持续性是指当期盈余中永久性盈余的程度，因为暂时性会计盈余是临时因素所导致的，一般来说是不可持续的（Kormendi and Lipe，1987）。Sloan（1996）的研究发现，应计部分的利润一般是暂时的，这是导致企业业绩不可持续的主要原因。Xie（2001）主要考察管理层的机会主义行为对盈余持续性的影响，研究表明管理层出于自利动机，操控企业中应计利润部分达到盈余管理的目的，因而导致企业盈余持续性的下降。Richardson 等（2005）发现盈余操纵是导致应计盈余不可持续的主因，易于造成会计信息的扭曲，盈余质量下降。国内学者大多从投资者反应出发，发现我国的投资者在股票定价过程中未对不同质量的会计盈余进行区分，证明了证券市场存在功能锁定现象，即投资者未能区分会计盈余中永久性盈余与暂时性盈余的关系（赵宇龙和王志台，1999；张国清等，2006；张国清和赵景文，2008 等）。

另一些学者则关注哪些经济因素会影响盈余持续性。Bagenski 等（1999）发现公司规模，产品类型，进入者壁垒，资本集中度等因素都会影响盈余持续性。Fairfield 等（2003）将应计按照盈余和净经营性资产分离后，发现净经营性资产增长会使得盈余持续性下降，他们认为经济利润低和新项目投资回报率递减的交互影响是导致应计盈余持续性低的主要原因。Dichev 和 Tang（2008）的研究表明过去的盈余波动性可以预测当前盈余的持续性。孙世攀等（2011）从公司治理的角度出发，发现股权结构特征对会计盈余持续性有显著影响，其中股权集中程度对会计盈余持续性有积极的影响作用。Ge（2007）指出经营性租赁活动的增加会导致盈余持续性变差，因为经营性租赁的边际效益是递减的。Allen 等（2009）发现，应计存货会导致盈余持续性变差，主要原因是对存货减值计量的错误。Li（2008）指出发布可读性更强的财务报告的上市公司盈余持续性更高。张会丽和陆正飞（2012）在企业集团框架下分析经营业务的相对分布如何影响盈余质量，他们发现子公司经营业务规模越大，集团整体的盈余持续性越差。会计和税法的差异也会影响盈余持续性，伍利娜和李蕙伶（2007）发现会计利润和应税利润之间的差异越大，盈余持续性越低，但投资者对此却不能完全理解，导致错误定价。Atwood 等（2010）基于美国的公司样本进行检验，也发现会计处理与税务处理之间的差异越大，盈余持续性越差。

还有一些研究探讨了盈余持续性的经济后果。较早的文献指出盈余持续性越高的公司市场价值越高（Collins and Kothari，1989），从市场的角度为盈余持续性的作用提供了证据。Francis 等（2004）的研究发现，盈余持续性越高，公司的权益资本成本越低。Nwaeze 等（2006）从薪酬决策的角度出发，发现盈余持续性低的公司更愿意以现金流而非盈余为基础制定薪酬契约，这表明薪酬委员会认为盈余持续性是薪酬决策过程中的有用信息。国内学者主要关注盈余持续性与市场定价行为之间的关系，张国清和赵景文（2008）从资产负债项目可靠性出发，发现更不可靠的应计项目会导致盈余持续性降低，但是这种联系并没有被投资者完全反应。肖华和张国清（2013）的研究表明内部控制质量与盈余持续性正向关联，同时更高的盈余持续性也能带来更高的市场价值。

综合上述文献，我们发现已有对盈余持续性的研究文献并没有关注大股东代理问题与盈余持续性之间的关系，本章试图使用大股东过度占用资金的行为衡量大股东代理问题的严重性，检验大股东与中小股东之间严重的代理问题会对盈余持续性产生何种影响。

8.2.2　研究假说的提出

随着我国资本市场的发展，我国资本市场上的投资者保护环境也逐渐完善。例如，在 2003 年 8 月 28 日，中国证监会下发了《关于规范上市公司与关联方资金往来及上市公司对外担保若干问题的通知》，明确提出了禁止控股股东通过各种形式侵占上市公司资金的相关规定。同时，在 2005 年股权分置改革之后，中国证监会又制定了一系列关于规范大股东行为的监管政策，其中重点监管的就是大股东对上市公司的资金占用。有研究表明，控股股东对上市公司的资金占用情况得到了极大的改善，如贺建刚等（2008）发现五粮液集团对上市公司的资金占用比 2003 年前有所降低，Jiang 等（2014）的研究也发现大股东的非经营性资金占用行为也比以往有所减少。然而，近年来上市公司与关联的财务公司签订的《金融服务协议》可能成为潜在的大股东占用资金的渠道，因此在签订协议时一般会为存款项目设定上限。但是实际的实施过程中，某些上市公司财务报告中关联存款的年末余额却高于协议规定的上限，我们认为这种中大股东严重侵占上市公司资金的行为是大股东代理问题严重的表现，会对上市公司的未来业绩表现有负面的影响。

据财务公司内部人士介绍，企业集团一般会将财务公司作为资金管理中心或利润中心进行考核。如果财务公司作为后台部门考核，即企业集团的资金管理平台，那么成员公司在财务公司存放的资金额是财务公司关心的重点。

如果财务公司作为利润中心考核，那么如何增加财务公司利润是财务公司管理人员关注的核心。财务公司作为企业集团内部服务于各成员公司的非银行金融机构，主要利润点在于吸收成员公司存款，向成员公司发放贷款，因此成员公司在财务公司存放的资金量也十分重要。综上所述，无论财务公司基于哪种考核形式，都需要成员公司向财务公司存放更多资金，因此财务公司游说上市公司存放资金的动机十分强烈。同时因为企业集团也会为了使企业集团中其他成员公司能够得到贷款，而尽可能要求上市公司存入大量资金，这意味着大股东占用资金的代理动机也较强。在大股东有能力的情况下，就会产生过度占用上市公司资金的情况。

由于关联存款是现金资源的一部分，上市公司的关联存款数额越大，意味着上市公司持有现金的水平也越高。然而如前章的研究结果所述，关联存款比率高的上市公司现金持有价值更低，表明高关联存款比率的上市公司使用现金的效率更低。在这样的情况下，上市公司的大量持现只会负向影响长期业绩表现。同时，由于上市公司的资金被大股东过度占用，因此上市公司的现金受到严重限制，可能不足以满足必要的投资需求，扩大公司的经营规模，继而影响公司的未来发展，而最终影响上市公司长期的业绩表现。基于上述，我们提出假设 H1。

假设 H1：大股东过度占用上市公司资金的行为会负向影响盈余持续性。

进一步地，我们试图了解哪类公司受到大股东过度占用资金的影响更大。股权性质的差异一直是我国学术研究中非常值得关注的话题。由于国有企业存在固有的所有者缺位问题（Clarke，2003），这使得双重代理问题在国有企业集团中十分严重，因此我们拟考察不同股权性质的上市公司受大股东过度占用资金的影响差异。在国有的企业集团中，尤其是央企中，上市公司高管一般是控股股东进行任命。与职业经理人不同，他们的薪酬制定与业绩之间的关系并不大，因此在投资决策中国有上市公司的高管可能更倾向于保守，而放弃那些净现值大于零但风险较大的投资项目，尤其在资金受到较大限制的情况下。因此，我们提出假设 H2。

假设 H2：相对于非国有上市公司，大股东过度占用上市公司资金的行为对国有上市公司盈余持续性的负向影响更严重。

另外，成长性好的上市公司拥有更多的投资机会，其投资决策也会更有价值。Jones（2001）的研究证实，拥有大量净现值为正的投资机会的成长性好的公司，其投资活动产生的现金流的市场价值更高，这也取决于上市公司投资机会的质量。然而，当上市公司的资金被大股东过度占用时，上市公司的所能支配的现金可能很难满足公司的投资需求，最终只能放弃有价值的投资项目进而发生投资不足的情况。而成长性差的上市公司缺乏有价值的投资机会，资金的不足可能避免这种类型的公司进行过度投资，反而对公司本身的价值损害不大。因此，我们提出假设 H3。

假设 H3：相对于成长性差的上市公司，大股东过度占用上市公司资金的行为对成长性好的上市公司盈余持续性的负向影响更严重。

另外，以往文献提到公司治理可以一定程度上抑制大股东对上市公司的掏空行为，机构投资者作为外部中小股东的代表，有动机缓解大股东过度占用资金的行为对上市公司造成的损害。已有文献表明，机构投资者在搜集信息，分析公司价值，以及参与公司治理方面均具有优势，他们不仅能够约束管理层的自利行为（Chung 等，2002），也可以抑制大股东对中小股东的掏空行为（叶松勤和徐经长，2013）。因此，在大股东过度占用上市公司资金的情况下，机构投资者的治理作用可能会缓解大股东的代理问题导致的上市公司效率损失。基于此，我们提出假设 H4。

假设 H4：机构投资者持股比例可以缓解大股东过度占用上市公司资金的行为对上市公司盈余持续性的负向影响。

8.3　研究设计与样本选择

8.3.1　研究设计

Freeman 等（1982）首次利用线性一阶自回归模型估计盈余持续性，该方法是使用当期盈余预测下一期的盈余，通过统计方法得到的回归系数即代表了盈余持续性，已成为国际上衡量盈余持续性的主要方法（Sloan，1996；

Richardson 等，2005；Li，2008；Krishnan and Parsons，2008 等）。本章借鉴上述研究，构造下述回归模型对假设进行检验：

$$Croa_{i,t+1} = \beta_0 + \beta_1 Size_{i,t} + \beta_2 Lev_{i,t} + \beta_3 MB_{i,t} + \beta_4 Top1_{i,t} + \beta_5 Cash_{i,t} + \beta_6 Indperc_{i,t} + \beta_7 Big10_{i,t} + \beta_8 Boardperc_{i,t} + \delta_1 \times Unfavor_{i,t} + \delta_2 \times Croa_{i,t} + \delta_3 \times Unfavor_{i,t} \times Croa_{i,t} + Yeareffect + Industryeffect + \varepsilon_{i,t} \quad (8-1)$$

其中，因变量为下期主营业务盈余（$Croa_{i,t+1}$），表示为下一期主营业务利润。自变量为公司规模（*Size*）、杠杆率（*Lev*）、市值账面比（*MB*）、第一大股东持股比例（*Top*1）、现金持有水平（*Cash*）、独立董事比例（*Indperc*）、审计质量（*Big*10）、董事会持股比例（*Boardperc*）、当期主营业务盈余（$Croa_{i,t}$），以及大股东是否过度占用上市公司资金（*Unfavor*）。所有连续变量均经过总资产标准化处理。根据上文提出的假设 H1，我们预期 δ_3 的符号为负。

为了检验本章的其他研究假说，我们按照上市公司股权性质（*State*）、成长性（*Tobinq*）以及机构投资者持股比例（*Holdshare*）将样本分开，使用上述回归模型（8-1）分别对不同的子样本进行检验。

具体的变量定义见表 8-1。

表 8-1　主要变量的定义和计算方式

变量类型	变量名称	含义	计算方式
被解释变量	$Croa_{i,t+1}$	下期主营业务盈余	下期主营业务利润/总资产
解释变量	*Unfavor*	大股东过度占用上市公司资金	如果关联存款年末余额超过《金融服务协议》中设定的存款项目上限，定义为 1，否则为 0
	$Croa_{i,t}$	当期主营业务盈余	当期主营业务利润/总资产
	State	股权性质	按照控股股东的股权性质划分，如果为国有上市公司，定义为 1，否则为 0
	Growth	成长性	主营业务收入增长率
	Holdshare	机构投资者持股比例	基金公司持有上市公司的股权比例

续表

变量类型	变量名称	含义	计算方式
控制变量	*Size*	资产规模	总资产的自然对数
	Lev	杠杆水平	总负债/总资产
	MB	市值账面比	权益的市值账面比
	*Top*1	现金流能力	经营活动净现金流/总资产
	Cash	现金持有水平	（现金+短期投资或交易性金融资产）/总资产
	Indperc	独立董事比例	独立董事占董事会总人数的比例
	*Big*10	审计质量	按照上市公司审计师事务所划分，如果为前十大会计师事务所，定义为 1，否则为 0
	Boardperc	董事持股比例	公司董事持有上市公司的股权比例

8.3.2　样本选择

本章选取的研究样本为我国证券市场中 2007—2012 年签订了《金融服务协议》的所有 A 股上市公司。我们首先根据《企业集团财务公司年鉴》整理出财务公司名单，然后鉴别出财务公司集团大股东，再对应该企业集团控股的所有下属上市公司。其次根据上市公司名单，搜集各家上市公司发布《金融服务协议》的公告，并通过年报进行进一步确认。最后再从年报中披露的货币资金项目或关联交易项目提取相关的关联存款余额数据，再将该数额与签订的《金融服务协议》中存款项目的上限进行比较，如果该数额大于上限，则认为是大股东过度占用上市公司资金的行为，定义为 1，否则定义为 0。相关财务数据和公司治理数据来自 CSMAR 数据库，Wind 数据库和 CCER 数据库。按照同类研究的惯例，我们对金融业样本进行了剔除，同时剔除了财务数据缺失的观测，最后得到 1061 个观测值。同时，为了剔除极端值的影响，本章对主要连续变量进行了 1%～99%水平的 winsorize 处理。

8.4 描述性统计与实证结果

8.4.1 描述性统计和相关性分析

表 8-2 主要变量的描述性统计

变量	N	均值	标准差	最小值	中位数	最大值
$Croa_{i,t+1}$	1061	0.031	0.063	-0.425	0.029	0.239
Unfavor	1061	0.201	0.401	0	0	1
$Croa_{i,t}$	1061	0.037	0.060	-0.262	0.032	0.271
Size	1061	22.620	1.548	19.630	22.440	28.410
Lev	1061	0.552	0.196	0.090	0.551	1.223
Mb	1061	3.397	5.367	-60.910	2.429	92.250
*Top*1	1061	0.423	0.149	0.117	0.426	0.864
Cash	1061	0.174	0.137	0.007	0.138	0.661
State	1061	0.865	0.342	0	1	1
Indperc	1051	0.361	0.049	0.143	0.333	0.800
*Big*10	1061	0.565	0.496	0	1	1
Boardperc	1061	0.003	0.025	0	0	0.381

表 8-2 报告了主要变量的描述性统计结果，大股东过度占用上市公司资金（*Unfavor*）的均值为 0.201，说明在全部样本中，有 20.1%的样本公司存放在财务公司的资金超过《金融服务协议》中规定的存款上限，间接表明大股东对上市公司占用资金的严重程度。下期主营业务盈余（$Croa_{i,t+1}$）的均值为 0.031，说明平均来看，样本公司中主营业务盈余占总资产的比例为 3.1%。其余变量的描述性统计结果与已有文献基本一致。

表 8-3 报告了主要变量的相关性分析，当期主营业务盈余（$Croa_{i,t}$）与下期主营业务盈余（$Croa_{i,t+1}$）之间的相关系数分别为 0.644 和 0.734①，说明当期的主营业务盈余对未来盈余具有指示作用，与实际相符。其他各变量之间的相关系数均不大于 0.4，表明我们的回归结果不受多重共线性问题的影响，具有可靠性。

① 前者为 Pearson 相关性系数，后者为 Spearman 相关性系数。

表 8-3　主要变量的相关性分析

变量	$Croa_{i,t+1}$	*Unfavor*	$Croa_{i,t}$	*Size*	*Lev*	*Mb*	*Top1*	*Cash*	*State*	*Indperc*	*Big10*	*Boardperc*
$Croa_{i,t+1}$	1	-0.082 ***	0.734 ***	-0.005	-0.362 ***	0.178 ***	0.135 ***	0.263 ***	-0.126 ***	0.014	0.004	0.011
Unfavor	-0.064 **	1	-0.070 **	0.045	0.083 ***	-0.048	0.046	-0.078 **	0.032	0.067 **	0.027	-0.078 **
$Croa_{i,t}$	0.644 ***	-0.079 **	1	0.047	-0.442 ***	0.202 ***	0.179 ***	0.324 ***	-0.119 ***	0.010	-0.011	0.023
Size	0.029	0.027	0.089 ***	1	0.408 ***	-0.478 ***	0.324 ***	-0.329 ***	0.175 ***	0.023	0.067 **	-0.090 ***
Lev	-0.345 ***	0.093 ***	-0.461 ***	0.369 ***	1	-0.166 ***	-0.017	-0.413 ***	0.087 ***	-0.020	-0.023	-0.075 **
Mb	0.062 **	-0.060 *	0.041	-0.213 ***	-0.019	1	-0.042	0.273 ***	-0.066 **	-0.027	-0.026	0.027
Top1	0.116 ***	0.046	0.166 ***	0.371 ***	-0.033	0.011	1	-0.022	0.065 **	-0.005	0.127 ***	-0.190 ***
Cash	0.255 ***	-0.083 ***	0.298 ***	-0.294 ***	-0.382 ***	0.084 ***	-0.013	1	-0.136 ***	0.032	-0.033	0.075 **
State	-0.115 ***	0.032	-0.102 ***	0.174 ***	0.081 ***	0.001	0.060 *	-0.112 ***	1	0.006	0.121 ***	-0.160 ***
Indperc	-0.012	0.017	-0.027	0.067 **	0.031	0.021	-0.003	-0.008	-0.03	1	0.049	-0.045
Big10	-0.010	0.027	0.007	0.105 ***	-0.028	0.011	0.130 ***	-0.002	0.121 ***	0.048	1	0.001
Boardperc	0.010	-0.047	0.028	-0.079 **	-0.082 ***	0.004	-0.105 ***	0.101 ***	-0.144 ***	-0.013	0.062 **	1

注：*、**、*** 分别表示在 10%、5%、1%的水平下显著。左下三角为 Pearson 相关性检验，右上三角为 Spearman 相关性检验

8.4.2 实证结果与分析

表 8-4 报告了大股东过度占用上市公司资金对上市公司主营业务盈余持续性影响的回归结果。我们分别采用了三种回归模型对上述关系进行了检验，分别为混合回归模型，随机效应模型和固定效应模型。经 Breusch 和 Pagan LM 检验，拒绝面板数据的随机效应模型，采用混合回归模型作为最终的回归结果。结果发现，交乘项（$Unfavor_{i,t} \times Croa_{i,t}$）的系数为-0.139，且在 5%的水平上显著，表明大股东过度占用上市公司资金的行为确实负向影响上市公司的主营业务盈余持续性。这主要是因为由于大股东代理动机很强，并且大股东有能力使用控制权过度占用上市公司资金，这使得上市公司的资金受限，可能无法抓住有价值的投资机会，进行必要的投资活动，进而影响公司的未来业绩表现。

表 8-5 报告了不同股权性质的条件下大股东过度占用上市公司资金对上市公司主营业务盈余持续性影响的回归结果。结果发现，在国有上市公司的样本中，交乘项（$Unfavor_{i,t} \times Croa_{i,t}$）的系数为-0.186，且在 5%的水平上显著，表明国有控股的上市公司主营业务盈余持续性受大股东过度占用上市公司资金行为的负向影响更严重。然而，在非国有上市公司的样本中，交乘项（$Unfavor_{i,t} \times Croa_{i,t}$）的系数虽然也为负，但不显著。我们认为主要原因是国有上市公司存在所有者缺位，在这样的情况下股东对高层管理人员的监督管理不足，同时由于高管薪资与业绩之间的联系并不密切，所以高管有动机放弃有价值但是风险大的投资项目，尤其在资金严重匮乏的情况下，最终导致上市公司未来盈余持续性的降低。

表 8-6 报告了不同成长性条件下大股东过度占用上市公司资金对上市公司主营业务盈余持续性影响的回归结果。结果发现，在高成长性的上市公司样本中，交乘项（$Unfavor_{i,t} \times Croa_{i,t}$）的系数为-0.296，且在 1%的水平上显著，表明高成长性的上市公司主营业务盈余持续性受大股东过度占用上市公司资金行为的负向影响更为严重。然而，在低成长性的上市公司样本中，交乘项（$Unfavor_{i,t} \times Croa_{i,t}$）的系数虽然也为负，但不显著。这是因为成长性好的上市公司拥有更多的投资机会，其投资决策也会更有价值。而在上市公司

资金被大股东过度占用时，资金不足导致不能满足有价值的投资需求，从而影响上市公司长期业绩表现。而对低成长性的上市公司来说，资金的匮乏可能抑制了上市公司过度投资的倾向。

表 8-7 报告了不同的机构投资者持股比例对大股东过度占用上市公司资金与上市公司主营业务盈余持续性之间关系的影响的回归结果。结果发现，在机构投资者持股比例较高的上市公司样本中，交乘项（$Unfavor_{i,t} \times Croa_{i,t}$）的系数为 0.113，但不显著，表明机构投资者持股比例较高的上市公司主营业务盈余持续性受大股东过度占用上市公司资金行为的影响不大。然而，在机构投资者持股比例较低的上市公司样本中，交乘项（$Unfavor_{i,t} \times Croa_{i,t}$）的系数为-0.259，且在 5%的水平上显著，说明机构投资者持股比例较低的上市公司主营业务盈余持续性受大股东过度占用上市公司资金行为的负向影响较为严重。我们认为机构投资者作为外部中小股东的代表，可以发挥积极治理的作用，缓解大股东过度占用资金的行为对上市公司造成的损害。

8.4.3　稳健性检验

为了保证本章研究结果的可靠性，我们对研究结论进行了如下多重稳健性测试：

（1）在对变量盈余持续性进行衡量时，我们将主要回归中的主营业务利润的持续性替换为净利润的持续性，并重新按照模型（8-1）进行回归，得到了一致的结论。

（2）为避免丢失样本过多，我们在主回归中并没有删除未有明确签订《金融服务协议》的，但实际已经发生了关联存贷款行为的公司，并将这部分样本定义为非大股东过度占用上市公司资金的样本。在稳健性检验时，我们删除了这部分样本，本章的研究结论基本保持不变。

综上所述，稳健性检验的结果表明，本章的研究结论是比较可靠的，不受变量设计、样本选择的干扰。

8.5 研究结论

本章以关联存款余额是否超过《金融服务协议》中制定的存款项目上限衡量控股股东是否过度占用上市公司资金，考察集团公司过度占用上市公司资金的行为是否会影响公司的盈余持续性。研究发现，控股股东过度占用上市公司资金显著负向影响上市公司的主营业务盈余持续性。具体而言，控股股东对上市公司资金占用的行为越严重，上市公司的主营业务盈余持续性越差。进一步研究发现，上述关系在不同成长性和股权性质的上市公司中有所差异。同时，我们发现机构投资者比例可以显著降低控股股东过度占用资金对盈余持续性的负向影响。

本章的研究结论表明，大股东对上市公司的过度资金占用会影响上市公司的未来业绩表现，体现在主营业务盈余持续性的降低，但上述负向影响在不同特征的上市公司中有差异。同时，我们还发现公司治理的完善可以降低大股东代理问题带来的效率损失，这对我国上市公司建立健全公司治理，完善资本市场的投资者保护环境均具有启示意义。

表 8-4 大股东过度占用上市公司资金与上市公司主营业务盈余持续性

变量	Dependent Variable $=Croa_{i,t+1}$		
	（1）混合回归模型	（2）随机效应模型	（3）固定效应模型
$Unfavor_{i,t}$	0.006	0.006	0.007
	(1.34)	(1.34)	(1.22)
$Unfavor_{i,t} \times Croa_{i,t}$	-0.139**	-0.139**	-0.204***
	(-2.18)	(-2.18)	(-2.67)
$Croa_{i,t}$	0.623***	0.623***	0.248***
	(18.53)	(18.53)	(5.55)
$Size_{i,t}$	0.002	0.002	-0.020***
	(1.39)	(1.39)	(-3.22)
$Lev_{i,t}$	-0.027**	-0.027**	0.054**
	(-2.53)	(-2.53)	(2.46)

续表

变量	Dependent Variable = $Croa_{i,t+1}$		
	（1）混合回归模型	（2）随机效应模型	（3）固定效应模型
$MB_{i,t}$	0.000	0.000	0.001*
	(1.44)	(1.44)	(1.87)
$Top1_{i,t}$	-0.004	-0.004	0.050*
	(-0.33)	(-0.33)	(1.67)
$Cash_{i,t}$	0.021	0.021	0.059**
	(1.53)	(1.53)	(2.42)
$State_{i,t}$	-0.011**	-0.011**	-0.003
	(-2.30)	(-2.30)	(-0.52)
$Indperc_{i,t}$	0.002	0.002	-0.015
	(0.06)	(0.06)	(-0.25)
$Big10_{i,t}$	-0.004	-0.004	-0.007
	(-1.30)	(-1.30)	(-1.45)
$Boardperc_{i,t}$	-0.074	-0.074	0.042
	(-1.19)	(-1.19)	(0.23)
Constant	-0.043	-0.043	0.400***
	(-1.39)	(-1.39)	(2.99)
Year FE	控制	控制	控制
Industry FE	控制	控制	未控制
Observations	1051	1051	1051
Adjusted R-squared	0.4522	0.4700	-0.2063

注：括号内的数值为 t 值。*、**、*** 分别表示在 10%、5%、1%的水平下显著。

表 8-5　不同股权性质条件下的大股东过度占用上市公司资金与上市公司主营业务盈余持续性

变量	Dependent Variable = $Croa_{i,t+1}$	
	（1）$State=1$	（2）$State=0$
$Unfavor_{i,t}$	0.007	-0.002
	(1.46)	(-0.16)
$Unfavor_{i,t} \times Croa_{i,t}$	-0.186**	-0.196
	(-2.46)	(-1.65)

续表

变量	Dependent Variable $=Croa_{i,t+1}$	
	(1) *State*=1	(2) *State*=0
$Croa_{i,t}$	0.608***	0.605***
	(16.49)	(7.26)
$Size_{i,t}$	0.002	0.004
	(1.22)	(1.12)
$Lev_{i,t}$	-0.027**	-0.013
	(-2.30)	(-0.50)
$MB_{i,t}$	-0.000	0.004***
	(-0.27)	(6.27)
$Top1_{i,t}$	-0.008	0.038*
	(-0.62)	(1.68)
$Cash_{i,t}$	0.025*	0.020
	(1.69)	(0.66)
$Indperc_{i,t}$	0.002	0.010
	(0.06)	(0.15)
$Big10_{i,t}$	-0.005	-0.001
	(-1.40)	(-0.09)
$Boardperc_{i,t}$	-0.027	-0.057
	(-0.23)	(-0.95)
Constant	-0.059	-0.104
	(-1.62)	(-1.44)
Year FE	控制	控制
Industry FE	控制	控制
Observations	911	140
Adjusted R-squared	0.4147	0.7536

注：括号内的数值为 t 值。*、**、*** 分别表示在 10%、5%、1%的水平下显著。

表 8-6　不同成长性条件下的大股东过度占用上市公司资金与上市公司主营业务盈余持续性

变量	Dependent Variable $=Croa_{i,t+1}$	
	(1) *Growth*=1	(2) *Growth*=0
$Unfavor_{i,t}$	0.016**	-0.000
	(2.48)	(-0.07)
$Unfavor_{i,t} \times Croa_{i,t}$	-0.296***	-0.090
	(-3.13)	(-1.06)
$Croa_{i,t}$	0.609***	0.633***
	(12.86)	(13.73)
$Size_{i,t}$	0.001	0.004*
	(0.56)	(1.95)
$Lev_{i,t}$	-0.016	-0.031**
	(-1.07)	(-2.05)
$MB_{i,t}$	0.000	0.001
	(0.86)	(1.57)
$Top1_{i,t}$	-0.009	-0.000
	(-0.57)	(-0.00)
$Cash_{i,t}$	0.022	0.023
	(1.07)	(1.30)
$State_{i,t}$	-0.011*	-0.014**
	(-1.65)	(-2.08)
$Indperc_{i,t}$	-0.008	0.006
	(-0.18)	(0.15)
$Big10_{i,t}$	-0.007*	-0.001
	(-1.71)	(-0.32)
$Boardperc_{i,t}$	-0.050	-0.086
	(-0.60)	(-0.97)
Constant	-0.005	-0.097**
	(-0.12)	(-2.28)
Year FE	控制	控制
Industry FE	控制	控制
Observations	504	547
Adjusted R-squared	0.4224	0.5013

注：括号内的数值为 t 值。*、**、*** 分别表示在 10%、5%、1%的水平下显著。

表 8-7 不同机构投资者持股比例条件下的大股东过度占用上市公司资金与上市公司主营业务盈余持续性

变量	Dependent Variable $=Croa_{i,t+1}$	
	(1) *Investor*=1	(2) *Investor*=0
$Unfavor_{i,t}$	-0.006	0.004
	(-1.17)	(0.58)
$Unfavor_{i,t} \times Croa_{i,t}$	0.113	-0.259**
	(1.48)	(-2.43)
$Croa_{i,t}$	0.557***	0.574***
	(15.00)	(9.49)
$Size_{i,t}$	0.002	-0.001
	(1.13)	(-0.36)
$Lev_{i,t}$	-0.026**	-0.043**
	(-2.16)	(-2.41)
$MB_{i,t}$	0.002***	0.000
	(3.00)	(0.62)
$Top1_{i,t}$	-0.010	-0.007
	(-0.88)	(-0.34)
$Cash_{i,t}$	0.031**	-0.013
	(2.40)	(-0.51)
$State_{i,t}$	-0.009*	-0.008
	(-1.90)	(-0.86)
$Indperc_{i,t}$	-0.013	0.038
	(-0.41)	(0.72)
$Big10_{i,t}$	0.001	-0.004
	(0.17)	(-0.78)
$Boardperc_{i,t}$	0.154	-0.096
	(1.20)	(-1.10)
Constant	-0.030	0.017
	(-0.84)	(0.32)
Year FE	控制	控制
Industry FE	控制	控制
Observations	529	522
Adjusted R-squared	0.6028	0.3403

注：括号内的数值为 t 值。*、**、*** 分别表示在 10%、5%、1%的水平下显著。

第9章　结　语

9.1　研究结论

作为我国经济社会主体的企业集团，一直是备受大家关注的对象。本书从企业集团与上市公司的关系入手，探究企业集团会如何影响上市公司的决策，同时，本书还试图探寻企业集团的内部资本市场活动，基于上市公司与关联财务公司签订的《金融服务协议》这一关联交易形式，本书还对上市公司关联资金交易的影响因素与其经济后果进行了综合的考察和分析。主要研究结论归纳如下：

第一，通过采用2003—2012年我国A股上市公司作为研究对象，考察了企业集团的存在是否会加重下属上市公司的过度投资程度。实证结果表明，相比独立的上市公司，隶属于企业集团的上市公司过度投资程度更加严重。进一步的研究显示，当可能面临外部融资约束时，隶属于企业集团的上市公司过度投资现象也比独立的上市公司更加严重。另外，企业集团母公司也会在一定程度上制约上市公司管理层的代理行为，如向上市公司派驻董事，我们发现企业集团内部大股东监督能力的增强能够有效抑制下属上市公司的过度投资行为。

第二，我们考察了企业集团所属上市公司是否具有更高的创新水平及其对创新影响的内在机制与经济后果。实证结果发现，与非企业集团上市公司相比，隶属于企业集团的上市公司具有更高的创新投入水平，但是对创新产出没有显著影响，说明企业集团内部资本市场的低效率。进一步分析发现，企业集团对创新投入影响的作用机理在于自由现金流量的促进作用，以及集团内其他公司创新投入带来的同伴效应。通过分析企业集团创新收入的经济后果，我们发现企业集团创新投入的增加提高了管理层的隐性薪酬，却损害了公司的价值。上述发现不仅为企业集团内部资本市场运作的低效率提供了更为直观的经验证据，也拓展和深化了企业创新的相关研究。

第三，同业竞争问题一直是困扰我国资本市场发展的重要阻碍之一。通过考察我国 2007—2010 年 A 股主板上市公司，我们实证检验了同业竞争关系的存在对上市公司投资效率的影响。结果表明，存在同业竞争关系的上市公司比不存在同业竞争关系的上市公司投资效率更低。在区分投资不足与投资过度之后可以发现，同业竞争关系不仅与过度投资正相关，也与投资不足正相关。进一步的研究显示，机构投资者的参与可以有效降低同业竞争关系带来的上市公司投资效率损失。

第四，通过选取 2007—2013 年中国资本市场上设立关联财务公司的 A 股上市公司作为样本，考察哪些因素对上市公司与关联财务公司之间签订《金融服务协议》有影响，结果发现基金持股比例高、董事持股比例高、独立董事比例高、市场化程度高的非国有上市公司更不倾向于签订《金融服务协议》。而股权制衡、是否被十大会计师事务所审计则不能显著影响《金融服务协议》签订。然而，当处在同样的内部治理条件下，审计质量好的上市公司更不倾向于签订《金融服务协议》。进一步地，本章对《金融服务协议》签订对公司价值的影响进行检验，发现在其他条件既定的情况下，签订《金融服务协议》的上市公司价值显著更低，这种价值减损在国有上市公司中更加严重。

第五，我们检验第一大股东的持股比例如何影响关联存款占现金的比重，研究发现，第一大股东的持股比例与关联存款占现金的比重呈现 U 型关系，即当第一大股东持股比例较低时，关联存款占现金的比重随第一大股东的持股比例增加而减少，而当第一大股东持股比例较高时，关联存款占现金的比重会随第一大股东的持股比例增加而增加。主要的原因是当第一大股东持股比例较低时，其他股东对大股东的制衡能力较强，因此可以限制关联存款的增加。而当第一大股东处于绝对控制的地位时，其他股东能力有限且力量分散，难以起到有效监督的作用，这使得大股东更有能力增加关联存款。进一步考察发现，与关联存款占比低的上市公司相比，关联存款占现金比重高的上市公司现金持有价值显著更低。这表明上市公司持有更多的关联存款源于大股东的代理动机。

第六，以关联存款余额是否超过《金融服务协议》中制定的存款项目上限衡量控股股东是否过度占用上市公司资金，考察集团公司占用上市公司资金的行为是否会影响公司的盈余持续性。研究发现，控股股东过度占用上市公司资金显著负向影响上市公司的主营业务盈余持续性。具体而言，控股股东对上市公司资金占用的行为越严重，上市公司的主营业务盈余持续性越差。进一步地研究发现，上述关系在不同股权性质和不同成长性条件下的上市公司中有所差异。同时，我们发现机构投资者比例可以显著降低控股股东过度占用资金对盈余持续性的负向影响。

9.2　研究局限与未来研究方向

本书利用企业集团数据和上市公司与关联的财务公司签订《金融服务协议》这一关联交易，考察企业集团框架下控股股东如何影响上市公司投资决策，以及是否存在效率损失，同时我们也试图探寻企业集团内部控股股东的资金占用行为如何影响上市公司的市场价值、现金使用效率以及长期业绩表现，为企业集团、内部资本市场有效性，以及大股东与中小股东之间代理问题的研究提供一定的增量信息。然而，受到客观条件的限制，本书的研究可能同时存在以下一些不足之处，这将是未来有意义的研究方向：

在研究企业集团时，基于研究话题的不同，我们使用了不同的企业集团定义方式，这也许会导致我们的研究结论产生一些偏差。如果未来能够有更多关于企业集团的内部数据披露，相信可以为我们深入了解企业集团的情况提供重要的支撑。

在实际收集有关《金融服务协议》及实质交易的研究数据时，我们发现有些上市公司未对签订《金融服务协议》进行公告和披露，而事实上上市公司与财务公司之间已发生了类似的关联交易。我们在对该类样本进行定义时，按照实质重于形式的原则，将实际已发生此类关联交易的上市公司认为是已签订《金融服务协议》的公司。这可能存在一定的主观性，也许对本书的研究结论有一定的影响。

由于本书研究使用的关联存款数据主要是从年报中搜集到的年末余额，是一个时点数，而非是整个财务年度中大股东实际占用上市公司资金的反映，故上市公司可能出于隐藏信息的目的而对最终财务报表的关联存款项目进行人为操纵和调整，这可能对我们的研究结果造成一定影响。但是，我们预计上市公司应该是对关联存款进行向下调整以降低外部投资者对大股东占用资金行为的关注，这可能造成我们研究结论的低估。

本书在对《金融服务协议》的影响因素与经济后果的考察中，未从控制权性质、行业背景和特征、企业集团模式、税收及其他方面对不同类型的企业集团的差异性进行深入的分析和研究，这些将是未来研究的方向。

另外，本书主要考察了《金融服务协议》对上市公司带来的负面影响，而由于《金融服务协议》中也存在财务公司向上市公司提供贷款的条款，我们认为这可能是企业集团通过财务公司支持上市公司的途径，也是未来值得研究的方向。

附　录

一、《金融服务协议》公告示例

证券代码：000720 证券简称：ST 能山 公告编号：2012-016

山东新能泰山发电股份有限公司关于向中国华能财务有限责任公司存贷款的关联交易公告

（一）关联交易概述

为降低公司资金成本和费用，进一步提高资金使用效率，经公司 2010 年 7 月 5 日召开的 2010 年第一次临时股东大会审议通过，公司与中国华能财务有限责任公司（以下简称财务公司）签订了《金融服务协议》，开展公司及合并报表范围内的各子公司与财务公司的存贷款等金融业务。

截至 2011 年 12 月 31 日，公司及分、子公司在财务公司存款余额为 4624.47 万元；在财务公司贷款产生的累计利息金额为 1866.08 万元。

2012 年度，公司及分、子公司预计在财务公司存款每日余额的最高限额不超过 10 亿元人民币，每日存款减贷款的净额最高不超过公司 2011 年末经审计净资产的 5%，公司 2011 年末经审计净资产为 71297.47 万元，净资产 5%为 3564.87 万元。预计与财务公司贷款业务的累计应计利息金额不超过 6000 万元人民币。

由于公司与财务公司的实际控制人同为中国华能集团公司，财务公司为本公司关联方，本次交易属关联交易。

公司于 2012 年 4 月 18 日召开了六届六次董事会会议，以 8 票同意、0 票反对、0 票弃权的表决结果审议通过了《关于公司及控股子公司向中国华能财务有限责任公司存贷款的提案》《关于中国华能财务有限责任公司风险评估报告的提案》。关联董事王文宗先生、胡成钢先生、孙金民先生回避了表决。公司独立董事就此次关联交易进行了事前认可，并发表了同意该事项的独立意见。

此项交易尚须获得公司股东大会以网络投票方式批准，关联股东华能泰山电力有限公司将在股东大会上回避表决。本次交易不构成《上市公司重大资产重组管理办法》规定的重大资产重组。

（二）关联方基本情况

1. 基本情况

公司名称：中国华能财务有限责任公司

注册地址：北京市西城区金融大街乙26号华实大厦

注册资本：500000万元人民币

资本充足率：27.73%

企业类型：有限责任公司

法定代表人：杨美茹

成立日期：1987年10月27日

营业执照注册号：100000000008057

金融许可证：L0004H111000001

经营范围：对成员单位办理财务和融资顾问、信用鉴证及相关的咨询、代理业务；协助成员单位实现交易款项的收付；对成员单位提供担保；办理成员单位之间的委托贷款及委托投资；对成员单位办理票据承兑与贴现；办理成员单位之间的内部转账结算及相应的结算、清算方案设计；吸收成员单位的存款；对成员单位办理贷款及融资租赁；从事同业拆借；经批准发行财务公司债券；承销成员单位的企业债券；对金融机构的股权投资；有价证券投资；成员单位产品的消费信贷、买方信贷及融资租赁。保险兼业代理（有效期至2014年09月05日）。

中国华能财务有限责任公司1987年10月27日经中国人民银行银复〔1987〕333号文件批准，于1988年5月21日经国家工商行政管理总局批准，取得《企业法人营业执照》，2011 年 12 月 21 日，公司因增资已经国家工商行政管理总局换发了新的《企业法人营业执照》(注册号：100000000008057)；已经中国银行业监督管理委员会批准颁发《金融许可证》(机构编号：L0004 H111000001)。财务公司最初注册资本为人民币 30000.00 万元，经数次增资扩股，目前注册资本为人民币 500000.00 万元，股东分别：中国华能集团公司持股 51%；华能国际电力股份有限公司持股 20%；北方联合电力有限责任公司持股 10%；华能国际电力开发公司持股 5.58%；华能资本服务有限公司持股 4.42%；云南华能澜沧江水电有限公司持股 3.33%；华能能源交通产业控股有限公司持股 2%；西安热工研究院有限公司持股 1.67%；华能新能源股份有限公司持股 1%；华能综合产业公司持股 1%。

截至 2011 年 12 月 31 日，财务公司经审计后的总资产 2568421.68 万元，负债总额 1979093.90 万元，所有者权益 589327.78 万元；2011 年实现营业收入 76577.47 万元，净利润 45174.18 万元。对照银监会《企业集团财务公司管理办法》规定，财务公司的各项监管指标均符合第三十四条规定要求：

(1) 资本充足率不得低于 10%：

资本充足率 = 资本净额/(风险加权资产 + 市场风险资产 × 12.5) = 27.73%，高于 10%。

(2) 拆入资金余额不得高于资本总额：

(同业拆入+卖出回购款项) /资本总额=8.15%，不高于资本总额。

(3) 短期证券投资与资本总额的比例不得高于 40%：

短期证券投资与资本总额的比例=0.00%，低于 40%。

(4) 担保余额不得高于资本总额：

公司担保余额/资本总额=0.00%，担保余额低于资本总额。

(5) 长期投资与资本总额的比例不得高于 30%：

长期投资与资本总额的比例=22.31%，低于 30%。

(6) 自有固定资产与资本总额的比例不得高于 20%：

自有固定资产与资本总额的比例为 0.40%，低于 20%。

2. 关联关系

由于公司与财务公司的实际控制人同为中国华能集团公司，财务公司为本公司关联方，本次交易属关联交易。

（三）关联交易标的情况

公司2012年度在财务公司通过财务公司的资金业务平台，办理公司及公司控股子公司的存款、贷款、票据贴现等金融业务。2012年度，公司及分、子公司预计在财务公司存款每日余额的最高限额不超过10亿元人民币，每日存款减贷款的净额最高不超过公司2011年末经审计净资产的5%；预计与财务公司贷款业务的累计应计利息金额不超过6000万元人民币。

（四）关联交易的定价政策及定价依据

公司办理存款业务，财务公司按人民银行公布的同期同档存款基准利率向公司支付利息；贷款业务按不高于中国人民银行公布的同期贷款基准利率，其他业务按照中国人民银行的相关规定执行。

（五）关联交易协议的主要内容

为降低公司资金成本和费用，进一步提高资金使用效率，经公司2010年7月5日召开的2010年第一次临时股东大会审议通过，公司与中国华能财务有限责任公司签订了《金融服务协议》。本协议有效期为一年，在有效期满前30天，如任何一方未向对方以书面形式提出终止协议的要求，本协议自动展期一年，上述展期不受次数限制。协议主要内容详见刊登在2010年6月19日、7月6日的《中国证券报》《证券时报》及巨潮资讯网（www.cninfo.com.cn）上的相关公告。

（六）风险评估情况

为了确保公司及分、子公司在中国华能财务有限责任公司存款的风险，维护资金安全，保证资金的流动性、盈利性，公司特聘请大信会计师事务有限公司对财务公司的经营资质、业务和风险状况进行评估，并出具了大信专审字〔2012〕第1-1006号《中国华能财务有限责任公司风险评估报告》。(具体内容见附件)。报告认为:"根据对风险管理的了解和评价,我们未发现华能财务公司截至2011年12月31日,与财务报表相关的风险管理存在重大缺陷。"

(七)关联交易的目的以及本次关联交易对上市公司的影响

交易的目的:财务公司作为一家经中国人民银行批准的合法金融机构,具有办理存贷款业务的各项资质,各项指标均达到了《企业集团财务公司管理办法》的规定,而且,财务公司在办理票据贴现、委托贷款及存贷款利率方面将比其他商业银行给予更大的优惠,将大大节约公司的财务费用。

对公司的影响:财务公司作为非银行金融机构,其专业的资金运作平台可有利降低资金运营成本,降低公司财务费用。本公司在财务公司开立银行账户、开展存贷款等金融业务,主要基于公司正常生产经营的需要,主要目的是为了降低公司资金成本费用,便于资金管理,提高资金的运营能力,为公司的长远发展提供较低成本的资金支持和畅通的融资渠道。

(八)当年年初至披露日与该关联人累计已发生的各类关联交易的总金额

年初至披露日与该关联人累计已发生的各类关联交易金额为568万元。

(九)独立董事事前认可和独立意见

本次交易已经公司独立董事的事前认可,并发表了独立意见,公司独立董事认为:(1)本次关联交易,便于公司资金管理,有利于降低财务成本,提高公司资本的运营能力,有助于公司的长期发展。存、贷款总额是基于公司正常生产经营实际确定的,对公司是有利的。本次关联交易遵循了一般商业原则,定价的原则是公允的,不存在有损公司和全体股东特别是中小股东利益的情形;(2)大信会计师事务有限公司出具的《中国华能财务有限责任公司风险评估报告》充分反映了截至2011年12月31日中国华能财务有限责任公司的经营资质、业务和风险状况。

（十）备查文件

（1）六届六次董事会会议决议；

（2）独立董事意见；

（3）大信会计师事务有限公司出具的《中国华能财务有限责任公司风险评估报告》；

（4）财务公司2011年度经审计的财务报告。

特此公告。

山东新能泰山发电股份有限公司董事会

二〇一二年四月十八日

二、《企业集团财务公司管理办法》

第一章

第一条 为了规范企业集团财务公司（以下简称财务公司）的行为，防范金融风险，促进财务公司的稳健经营和健康发展，依据《中华人民共和国公司法》和《中华人民共和国银行业监督管理法》等有关法律、行政法规，制定本办法。

第二条 本办法所称财务公司是指以加强企业集团资金集中管理和提高企业集团资金使用效率为目的，为企业集团成员单位（以下简称成员单位）提供财务管理服务的非银行金融机构。

外资投资性公司为其在中国境内的投资企业提供财务管理服务而设立的财务公司适用本办法的相关规定。

第三条 本办法所称企业集团是指在中华人民共和国境内依法登记，以资本为联结纽带、以母子公司为主体、以集团章程为共同行为规范，由母公司、子公司、参股公司及其他成员企业或机构共同组成的企业法人联合体。

本办法所称成员单位包括母公司及其控股51%以上的子公司（以下简称子公司）；母公司、子公司单独或者共同持股20%以上的公司，或者持股不足20%但处于最大股东地位的公司；母公司、子公司下属的事业单位法人或者社会团体法人。

本办法所称外资投资性公司是指外国投资者在中国境内独资设立的从事直接投资的公司。所称投资企业包括该外资投资性公司以及在中国境内注册的，该外资投资性公司单独或者与其投资者共同持股超过25%，且该外资投资性公司持股比例超过10%的企业。外资投资性公司适用本办法中对母公司的相关规定，投资企业适用本办法中对成员单位的相关规定。

第四条　财务公司应当依法合规经营，不得损害国家和社会公共利益。

第五条　财务公司依法接受中国银行业监督管理委员会的监督管理。

第二章　机构设立及变更

第六条　设立财务公司，应当报经中国银行业监督管理委员会审查批准。

财务公司名称应当经工商登记机关核准，并标明“财务有限公司”或“财务有限责任公司”字样，名称中应包含其所属企业集团的全称或者简称。未经中国银行业监督管理委员会批准，任何单位不得在其名称中使用“财务公司”字样。

第七条　申请设立财务公司的企业集团应当具备下列条件：

（一）符合国家的产业政策；

（二）申请前一年，母公司的注册资本金不低于8亿元人民币；

（三）申请前一年，按规定并表核算的成员单位资产总额不低于50亿元人民币，净资产率不低于30%；

（四）申请前连续两年，按规定并表核算的成员单位营业收入总额每年不低于40亿元人民币，税前利润总额每年不低于2亿元人民币；

（五）现金流量稳定并具有较大规模；

（六）母公司成立2年以上并且具有企业集团内部财务管理和资金管理经验；

（七）母公司具有健全的公司法人治理结构，未发生违法违规行为，近3

年无不良诚信纪录；

（八）母公司拥有核心主业；

（九）母公司无不当关联交易。

外资投资性公司除适用本条第（一）（二）（五）（六）（七）（八）（九）项的规定外，申请前一年其净资产应不低于20亿元人民币，申请前连续两年每年税前利润总额不低于2亿元人民币。

第八条 申请设立财务公司，母公司董事会应当作出书面承诺，在财务公司出现支付困难的紧急情况时，按照解决支付困难的实际需要，增加相应资本金，并在财务公司章程中载明。

第九条 设立财务公司，应当具备下列条件：

（一）确属集中管理企业集团资金的需要，经合理预测能够达到一定的业务规模；

（二）有符合《中华人民共和国公司法》和本办法规定的章程；

（三）有符合本办法规定的最低限额注册资本金；

（四）有符合中国银行业监督管理委员会规定的任职资格的董事、高级管理人员和规定比例的从业人员，在风险管理、资金集约管理等关键岗位上有合格的专门人才；

（五）在法人治理、内部控制、业务操作、风险防范等方面具有完善的制度；

（六）有符合要求的营业场所、安全防范措施和其他设施；

（七）中国银行业监督管理委员会规定的其他条件。

第十条 设立财务公司的注册资本金最低为1亿元人民币。财务公司的注册资本金应当是实缴的人民币或者等值的可自由兑换货币。

经营外汇业务的财务公司，其注册资本金中应当包括不低于500万美元或者等值的可自由兑换货币。

中国银行业监督管理委员会根据财务公司的发展情况和审慎监管的需要，可以调整财务公司注册资本金的最低限额。

第十一条 财务公司的注册资本金应当主要从成员单位中募集，并可以吸收成员单位以外的合格的机构投资者的股份。

本条所称的合格的机构投资者是指原则上在 3 年内不转让所持财务公司股份的、具有丰富行业管理经验的战略投资者。

第十二条 外资投资性公司设立财务公司的注册资本金可以由该外资投资性公司单独或者与其投资者共同出资。

第十三条 财务公司从业人员中从事金融或财务工作 3 年以上的人员应当不低于总人数的三分之二，其中从事金融或者财务工作 5 年以上人员应当不低于总人数的三分之一。

曾任国际知名会计师事务所查账员、电脑公司程序设计师或系统分析员，或在国际知名资产管理公司、基金公司、投资银行、证券公司相关业务和管理岗位上工作过的专业人员，如果具有 2 年以上工作经验，并经国内相关业务及政策培训，则视同从事金融或财务工作 3 年以上。

第十四条 设立财务公司应当经过筹建和开业两个阶段。申请筹建财务公司，应当由母公司向中国银行业监督管理委员会提出申请，并提交下列文件、资料：

（一）申请书，其内容应当包括拟设财务公司名称、所在地、注册资本、股东、股权结构、业务范围等。

（二）可行性研究报告，其内容包括：

1. 母公司及其他成员单位整体的生产经营状况、现金流量分析、在同行业中所处的地位以及中长期发展规划；

2. 设立财务公司的宗旨、作用及其业务量预测；

3. 经有资质的会计师事务所审计 2 年内的合并资产负债表、损益表及现金流量表。

（三）成员单位名册及有权部门出具的相关证明资料。

（四）《企业集团登记证》、申请人和其他出资人的营业执照复印件及出资保证。

（五）设立外资财务公司的，需提供外资投资性公司及其投资企业的外商投资企业批准证书。

（六）母公司法定代表人签署的确认上述资料真实性的证明文件。

（七）中国银行业监督管理委员会要求提交的其他文件、资料。

第十五条 财务公司的筹建申请，经中国银行业监督管理委员会审批同意的，申请人应当自收到批准筹建文件起3个月内完成财务公司的筹建工作，并向中国银行业监督管理委员会提出开业申请，同时提交下列文件：

（一）财务公司章程草案；

（二）财务公司经营方针和计划；

（三）财务公司股东名册及其出资额、出资比例；

（四）法定验资机构出具的对财务公司股东出资的验资证明；

（五）拟任职的董事、高级管理人员的名单、详细履历及任职资格证明材料；

（六）从业人员中拟从事风险管理、资金集中管理的人员的名单、详细履历；

（七）从业人员中从事金融、财务工作5年及5年以上有关人员的证明材料；

（八）财务公司业务规章及风险防范制度；

（九）财务公司营业场所及其他与业务有关设施的资料；

（十）中国银行业监督管理委员会要求提交的其他文件、资料。

第十六条 财务公司的开业申请经中国银行业监督管理委员会核准后，由中国银行业监督管理委员会颁发《金融许可证》并予以公告。财务公司凭《金融许可证》到工商行政管理机关办理注册登记，领取《企业法人营业执照》后方可开业。

第十七条 财务公司根据业务需要，经中国银行业监督管理委员会审查批准，可以在成员单位集中且业务量较大的地区设立分公司。

财务公司的分公司不具有法人资格，由财务公司依照本办法的规定授权其开展业务活动，其民事责任由财务公司承担。

第十八条 财务公司根据业务管理需要，可以在成员单位比较集中的地区设立代表处，并报中国银行业监督管理委员会备案。

财务公司的代表处不得经营业务，只限于从事业务推介、客户服务、债权催收以及信息的收集、反馈等相关工作。

第十九条 财务公司申请设立分公司，应当符合下列条件：

（一）确属业务发展和为成员单位提供财务管理服务需要；

（二）财务公司设立 2 年以上，且注册资本金不低于 3 亿元人民币，资本充足率不低于 10%；

（三）拟设立分公司所服务的成员单位不少于 10 家，且上述成员单位资产合计不低于 10 亿元人民币，或成员单位不足 10 家，但成员单位资产合计不低于 20 亿元人民币；

（四）财务公司经营状况良好，且在 2 年内没有违法、违规经营记录。

第二十条 财务公司的分公司应当具备下列条件：

（一）有符合本办法规定的最低限额的营运资金；

（二）有符合中国银行业监督管理委员会规定的任职资格的高级管理人员；

（三）有健全的业务操作、内部控制、风险管理及问责制度；

（四）有符合要求的营业场所、安全防范措施和与业务有关的其他设施；

（五）中国银行业监督管理委员会规定的其他条件。

第二十一条 财务公司分公司的营运资金不得少于 5000 万元人民币。财务公司拨付各分公司的营运资金总计不得超过其注册资本金的 50%。

第二十二条 财务公司申请设立分公司，应当向中国银行业监督管理委员会报送以下文件、资料：

（一）申请书，其内容包括拟设分公司的名称、所在地、营运资金、业务范围及服务对象等；

（二）可行性研究报告，包括拟设分公司的业务量预测，所在地成员单位的生产经营状况、资金流量分析以及中长期发展规划等内容；

（三）符合第二十条规定的有关证明文件；

（四）财务公司董事会关于申请设立该分公司的决议以及对拟设分公司业务范围授权的决议草案；

（五）中国银行业监督管理委员会要求提交的其他文件、资料。

第二十三条 经批准设立的财务公司分公司，由中国银行业监督管理委员会颁发《金融许可证》并予以公告，凭《金融许可证》向工商行政管理部门办理登记手续，领取营业执照，方可开业。

第二十四条 经批准设立的财务公司及其分公司自领取营业执照之日起，

无正当理由6个月不开业或者开业后无正当理由连续停业6个月以上的，由中国银行业监督管理委员会吊销其《金融许可证》，并予以公告。

第二十五条 财务公司应当依照法律、行政法规及中国银行业监督管理委员会的规定使用《金融许可证》，禁止伪造、变造、转让、出租、出借《金融许可证》。

第二十六条 财务公司的公司性质、组织形式及组织机构应当符合《中华人民共和国公司法》及其他有关法律、法规的规定，并应当在公司章程中载明。

第二十七条 财务公司有下列变更事项之一的，应当报经中国银行业监督管理委员会批准：

（一）变更名称；

（二）调整业务范围；

（三）变更注册资本金；

（四）变更股东或者调整股权结构；

（五）修改章程；

（六）更换董事、高级管理人员；

（七）变更营业场所；

（八）中国银行业监督管理委员会规定的其他变更事项。

财务公司的分公司变更名称、营运资金、营业场所或者更换高级管理人员，应当由财务公司报中国银行业监督管理委员会批准。

第三章 业务范围

第二十八条 财务公司可以经营下列部分或者全部业务：

（一）对成员单位办理财务和融资顾问、信用鉴证及相关的咨询、代理业务；

（二）协助成员单位实现交易款项的收付；

（三）经批准的保险代理业务；

（四）对成员单位提供担保；

（五）办理成员单位之间的委托贷款及委托投资；

（六）对成员单位办理票据承兑与贴现；

（七）办理成员单位之间的内部转账结算及相应的结算、清算方案设计；

（八）吸收成员单位的存款；

（九）对成员单位办理贷款及融资租赁；

（十）从事同业拆借；

（十一）中国银行业监督管理委员会批准的其他业务。

第二十九条 符合条件的财务公司，可以向中国银行业监督管理委员会申请从事下列业务：

（一）经批准发行财务公司债券；

（二）承销成员单位的企业债券；

（三）对金融机构的股权投资；

（四）有价证券投资；

（五）成员单位产品的消费信贷、买方信贷及融资租赁。

第三十条 财务公司从事本办法第二十九条所列业务，必须严格遵守国家的有关规定和中国银行业监督管理委员会审慎监管的有关要求，并应当具备以下条件：

（一）财务公司设立1年以上，且经营状况良好；

（二）注册资本金不低于3亿元人民币，从事成员单位产品消费信贷、买方信贷及融资租赁业务的，注册资本金不低于5亿元人民币；

（三）经股东大会同意并经董事会授权；

（四）具有比较完善的投资决策机制、风险控制制度、操作规程以及相应的管理信息系统；

（五）具有相应的合格的专业人员；

（六）中国银行业监督管理委员会规定的其他条件。

第三十一条 财务公司不得从事离岸业务，除本办法第二十八条第二款业务外，不得从事任何形式的资金跨境业务。

第三十二条 财务公司的业务范围经中国银行业监督管理委员会批准后，应当在财务公司章程中载明。财务公司不得办理实业投资、贸易等非金融业务。

财务公司在经批准的业务范围内细分业务品种，应当报中国银行业监督管理委员会备案，但不涉及债权或者债务的中间业务除外。

第三十三条 财务公司分公司的业务范围，由财务公司在其业务范围内根据审慎经营的原则进行授权，报中国银行业监督管理委员会备案。财务公司分公司不得办理担保、同业拆借及本办法第二十九条规定的业务。

第四章

第三十四条 财务公司经营业务，应当遵守下列资产负债比例的要求：

（一）资本充足率不得低于10%；

（二）拆入资金余额不得高于资本总额；

（三）担保余额不得高于资本总额；

（四）短期证券投资与资本总额的比例不得高于40%；

（五）长期投资与资本总额的比例不得高于30%；

（六）自有固定资产与资本总额的比例不得高于20%。

中国银行业监督管理委员会根据财务公司业务发展或者审慎监管的需要，可以对上述比例进行调整。

第三十五条 财务公司应当按照审慎经营的原则，制定本公司的各项业务规则和程序，建立、健全本公司的内部控制制度。

第三十六条 财务公司应当分别设立对董事会负责的风险管理、业务稽核部门，制订对各项业务的风险控制和业务稽核制度，每年定期向董事会报告工作，并向中国银行业监督管理委员会报告。

第三十七条 财务公司董事会应当每年委托具有资格的中介机构对公司上一年度的经营活动进行审计，并于每年的4月15日前将经董事长签名确认的年度审计报告报送中国银行业监督管理委员会。

第三十八条 财务公司应当依照国家有关规定，建立、健全本公司的财务、会计制度。

财务公司应当遵循审慎的会计原则，真实记录并全面反映其业务活动和财务状况。

第三十九条 财务公司应当按规定向中国银行业监督管理委员会报送资

产负债表、损益表、现金流量表、非现场监管指标考核表及中国银行业监督管理委员会要求报送的其他报表，并于每一会计年度终了后的 1 个月内报送上一年度财务报表和资料。

财务公司的法定代表人应当对经其签署报送的上述报表的真实性承担责任。

第四十条 财务公司应当每年的 4 月底前向中国银行业监督管理委员会报送其所属企业集团的成员单位名录，并提供其所属企业集团上年度的业务经营状况及有关数据。

财务公司对新成员单位开展业务前，应当向中国银行业监督管理委员会及时备案，并提供该成员单位的有关资料；与财务公司有业务往来的成员单位由于产权变化脱离企业集团的，财务公司应当及时向中国银行业监督管理委员会备案，存有遗留业务的，应当同时提交遗留业务的处理方案。

第四十一条 中国银行业监督管理委员会有权随时要求财务公司报送有关业务和财务状况的报告和资料。

第四十二条 财务公司发生挤提存款、到期债务不能支付、大额贷款逾期或担保垫款、电脑系统严重故障、被抢劫或诈骗、董事或高级管理人员涉及严重违纪、刑事案件等重大事项时，应当立即采取应急措施并及时向中国银行业监督管理委员会报告。

企业集团及其成员单位发生可能影响财务公司正常经营的重大机构变动、股权交易或者经营风险等事项时，财务公司应当及时向中国银行业监督管理委员会报告。

第四十三条 财务公司应当按中国人民银行的规定缴存存款准备金，并按有关规定提取损失准备，核销损失。

第四十四条 财务公司应当遵守中国人民银行有关利率管理的规定；经营外汇业务的，应当遵守国家外汇管理的有关规定。

第四十五条 中国银行业监督管理委员会根据审慎监管的要求，有权依照有关程序和规定采取下列措施对财务公司进行现场检查：

（一）进入财务公司进行检查；

（二）询问财务公司的工作人员，要求其对有关检查事项作出说明；

（三）查阅、复制财务公司与检查事项有关的文件、资料，对可能被转移、藏匿或者毁损的文件、资料予以封存；

（四）检查财务公司电子计算机业务管理数据系统。

第四十六条 财务公司对单一股东发放贷款余额超过财务公司注册资本金50%或者该股东对财务公司出资额的，应当及时向中国银行业监督管理委员会报告。

第四十七条 财务公司的股东对财务公司的负债逾期1年以上未偿还的，中国银行业监督管理委员会可以责成财务公司股东会转让该股东出资及其他权益，用于偿还其对财务公司的负债。

第四十八条 中国银行业监督管理委员会根据履行职责的需要和日常监管中发现的问题，可以与财务公司的董事、高级管理人员进行监督管理谈话，要求其就财务公司的业务活动和风险管理等重大事项作出说明。

第四十九条 财务公司的董事、高级管理人员应当具有财务公司资金集中管理经验。

董事、高级管理人员在任职前应当按规定报中国银行业监督管理委员会进行任职资格审查，未经任职资格审查或者经审查不具备任职资格的，不得担任财务公司的董事、高级管理人员。具体任职资格管理办法另行规定。

财务公司的董事、高级管理人员离任，应当由母公司依照有关规定进行离任审计，并将离任审计报告报中国银行业监督管理委员会。

第五十条 财务公司违反审慎经营原则的，中国银行业监督管理委员会应当依照程序责令其限期改正；逾期未改正的，或者其行为严重危及该财务公司的稳健运行、损害存款人和其他客户合法权益的，中国银行业监督管理委员会可以依照有关程序，采取下列措施：

（一）责令暂停部分业务，停止批准开办新业务；

（二）限制分配红利和其他收入；

（三）限制资产转让；

（四）责令控股股东转让股权或者限制有关股东的权利；

（五）责令调整董事、高级管理人员或者限制其权利；

（六）停止批准增设分公司。

第五十一条 财务公司可成立行业性自律组织。中国银行业监督管理委员会对财务公司行业性自律组织进行业务指导。

第五章

第五十二条 财务公司出现下列情形之一的，中国银行业监督管理委员会可以责令其进行整顿：

（一）出现严重支付危机；

（二）当年亏损超过注册资本金的30%或者连续3年亏损超过注册资本金的10%；

（三）严重违反国家法律、行政法规或者有关规章。

整顿时间最长不超过1年。

第五十三条 财务公司整顿期间，应当暂停经营部分或者全部业务。

第五十四条 财务公司经过整顿，符合下列条件的，可恢复正常营业：

（一）已恢复支付能力；

（二）亏损得到弥补；

（三）违法违规行为得到纠正。

第五十五条 财务公司已经或者可能发生支付危机，严重影响债权人利益和金融秩序的稳定时，中国银行业监督管理委员会可以依法对财务公司实行接管或者促成其机构重组。

接管或者机构重组由中国银行业监督管理委员会决定并组织实施。

第五十六条 财务公司出现下列情况时，经中国银行业监督管理委员会核准后，予以解散：

（一）组建财务公司的企业集团解散，财务公司不能实现合并或改组；

（二）章程中规定的解散事由出现；

（三）股东会议决定解散；

（四）财务公司因分立或者合并不需要继续存在的。

第五十七条 财务公司有违法经营、经营管理不善等情形，不予撤销将严重危害金融秩序、损害公众利益的，中国银行业监督管理委员会有权予以撤销。

第五十八条 财务公司被接管、重组或者被撤销的，中国银行业监督管理委员会有权要求该财务公司的董事、高级管理人员和其他工作人员，按照中国银行业监督管理委员会的要求履行职责。

第五十九条 财务公司解散或者被撤销，母公司应当依法成立清算组，按照法定程序进行清算，并由中国银行业监督管理委员会公告。

中国银行业监督管理委员会可以直接委派清算组成员并监督清算过程。

第六十条 清算组在清算中发现财务公司的资产不足以清偿其债务时，应当立即停止清算，并向中国银行业监督管理委员会报告，经中国银行业监督管理委员会核准，依法向人民法院申请该财务公司破产。

第六章

第六十一条 凡违反本办法有关规定的，由中国银行业监督管理委员会依照《中华人民共和国银行业监督管理法》及其他有关规定进行处理。

财务公司对中国银行业监督管理委员会的处理决定不服的，可以依法申请行政复议或者向人民法院提起行政诉讼。

第六十二条 本办法颁布前设立的财务公司凡不符合本办法有关规定的，应当在规定的期限内进行规范。在规范期内应遵从本办法关于最低实收资本金、资本充足率等审慎性监管的规定。具体要求由中国银行业监督管理委员会另行规定。

第六十三条 本办法由中国银行业监督管理委员会负责解释。

第六十四条 本办法自 2004 年 9 月 1 日起施行。原《企业集团财务公司管理办法》（中国人民银行令〔2000〕第 3 号）同时废止。

参考文献

[1] 白重恩，刘俏，陆洲，宋敏，张俊喜．中国上市公司治理结构的实证研究［J］．经济研究，2005（2）：81-91.

[2] 薄仙慧，吴联生．国有控股与机构投资者的治理效应：盈余管理视角［J］．经济研究，2009（2）：81-91.

[3] 陈德萍，陈永圣．股权集中度、股权制衡度与公司绩效关系研究——2007—2009年中小企业板块的实证检验［J］．会计研究，2011（1）：38-42.

[4] 陈工孟．香港潜在的经济危机及其对策［J］．一国两制经济研究中心，1997.

[5] 陈文婷．新兴市场的企业集团：是典范还是寄生虫？（上）（译文）［J］．管理世界，2010（5）：159-166页．

[6] 陈晓，王琨．关联交易、公司治理与国有股改革：来自我国资本市场的实证证据［J］．经济研究，2005（4）：77-86.

[7] 程书强．机构投资者持股与上市公司会计盈余信息关系实证研究［J］．管理世界，2006（9）：129-136.

[8] 窦欢，张会丽，陆正飞．企业集团、大股东监督与过度投资［J］．管理世界，2014（7）：134-143.

[9] 贺建刚，魏明海，刘峰．利益输送、媒体监督与公司治理：五粮液案例研究［J］．管理世界，2008（10）：141-150.

[10] 贺建刚、孙铮、李增泉．难以抑制的控股股东行为：理论解释与案例分析［J］．会计研究，2010（3）：20-27.

[11] 胡丹，冯巧根．信息环境、审计质量与IPO抑价——以A股市场2009—2011年上市的公司为例［J］．会计研究，2013（2）：78-85.

[12] 胡建平，干胜道．自由现金流的代理成本：理论和证据［J］．当代财经．2009（12）：107-114.

[13] 黄俊、陈信元．集团化经营与企业研发投资——基于知识溢出与内部资本市场视角的分析［J］．经济研究，2011（6）：80-92.

［14］黄蓉，易阳，宋顺林．税率差异、关联交易与企业价值［J］．会计研究，2013（8）：47-54.
［15］姜国华，徐信忠，赵龙凯．公司治理和投资者保护研究综述［J］．管理世界，2006（6）：161-170.
［16］姜国华，岳衡．大股东占用上市公司资金与上市公司股票回报率关系的研究［J］．管理世界，2005（9）：119-126.
［17］靳庆鲁、孔祥、侯青川．货币政策、民营企业投资效率与公司期权价值［J］．经济研究，2012（5）：96-106.
［18］鞠晓生、卢荻、虞义华．融资约束，营运资本管理与企业创新可持续性［J］．经济研究，2013（1）：4-16.
［19］雷光勇，刘慧龙．市场化进程、最终控制人性质与现金股利行为——来自中国A股公司的经验证据［J］．管理世界，2007（7）：120-128.
［20］黎文靖、池勤伟．高管职务消费对企业业绩影响机理研究——基于产权性质的视角［J］．中国工业经济，2015（4）：122-134.
［21］黎文靖、郑曼妮．实质性创新还是策略性创新？——宏观产业政策对微观企业创新的影响［J］．经济研究，2016（4）：60-73.
［22］李明辉．股权结构、公司治理对股权代理成本的影响［J］．金融研究，2009（2）：149-168.
［23］李万福、林斌、宋璐．内部控制在公司投资中的角色：效率促进还是抑制？［J］．管理世界，2011（2）：81-99.
［24］李维安，李滨．机构投资者介入公司治理效果的实证研究：基于CCGINK的经验研究［J］．南开管理评论，2008（1）：4-14.
［25］李文贵、余明桂．民营化企业的股权结构与企业创新［J］．管理世界，2015（4）：112-125.
［26］李焰，陈才东，黄磊．集团化运作、融资约束与财务风险——基于上海复星集团案例研究［J］．管理世界，2007（12）：117-135.
［27］李增泉，孙铮，王志伟．“掏空”与所有权安排——来自我国上市公司大股东资金占用的经验证据［J］．会计研究 2004（12）：3-13.
［28］李增泉，辛显刚，于旭辉．金融发展、债务融资约束与金字塔结构——来自民营企业集团的证据［J］．管理世界，2008（1）：123-135.
［29］李增泉、余谦、王晓坤．掏空、支持与并购重组——来自我国上市公司的经验证据

[J]. 经济研究，2005（1）：95-105.

[30] 梁胜. 上市公司同业竞争法律问题探讨 [J]. 企业经济，2011（3）：190-192.

[31] 刘峰、贺建刚、魏明海. 控制权、业绩与利益输送——基于五粮液的案例研究 [J]. 管理世界，2004（8）：102-110.

[32] 刘峰、贺建刚. 股权结构与大股东利益实现方式的选择——中国资本市场利益输送的初步研究 [J]. 中国会计评论，2004（1）：141-158.

[33] 刘峰、钟瑞庆、金天. 弱法律风险下的上市公司控制权转移与“抢劫”——三利化工掏空通化金马案例分析 [J]. 管理世界，2007（12）：106-116.

[34] 刘星，安灵. 大股东控制、政府控制层级与公司价值创造 [J]. 会计研究，2010（1）：69-78.

[35] 柳建华，魏明海，郑国坚. 大股东控制下的关联投资：效率促进抑或资源转移 [J]. 管理世界，2008（3）：133-141.

[36] 卢锐、魏明海、黎文靖. 管理层权力、在职消费与产权效率——来自中国上市公司的证据 [J]. 南开管理评论，2008（5）：85-92.

[37] 陆正飞，韩非池. 宏观经济政策如何影响公司现金持有的经济效应？——基于产品市场和资本市场两重角度的研究 [J]. 管理世界，2013（6）：43-60.

[38] 陆正飞，张会丽. 所有权安排、寻租空间与现金分布——来自中国 A 股市场的经验证据 [J]. 管理世界，2010（5）：150-158.

[39] 陆正飞、王鹏. 同业竞争、盈余管理与控股股东利益输送 [J]. 金融研究，2013（6）：179-192.

[40] 罗党论，唐清泉. 市场环境与控股股东掏空行为研究——来自中国上市公司的经验证据 [J]. 会计研究，2007（4）：69-74.

[41] 罗琦，胡志强. 控股股东道德风险与公司现金策略 [J]. 经济研究，2010（2）：125-137.

[42] 罗琦，秦国楼. 投资者保护与公司现金持有 [J]. 金融研究，2009（10）：162-178.

[43] 纳鹏杰，纳超洪. 企业集团财务管控与上市公司现金持有水平研究 [J]. 会计研究，2012（5）：29-38.

[44] 潘红波，余明桂. 集团化，银行贷款与资金配置效率 [J]. 金融研究，2010（10）：83-102.

[45] 潘文卿、李子奈、刘强. 中国产业间的技术溢出效应：基于 35 个工业部门的经验研究 [J]. 经济研究，2011（7）：18-29.

[46] 潘越、潘健平、戴亦一．公司诉讼风险、司法地方保护主义与企业创新［J］．经济研究，2015（3）：131-145.
[47] 彭桃英，周伟．中国上市公司高额现金持有动因研究——代理理论抑或权衡理论［J］．会计研究，2006（5）：42-49.
[48] 权小锋、尹洪英．中国式卖空机制与公司创新——基于融资融券分步扩容的自然实验［J］．管理世界，2017（1）：128-144.
[49] 邵军，刘志远，“系族企业”内部资本市场有效率吗？［J］．管理世界，2007（6）：114-122.
[50] 邵军，刘志远．企业集团内部资本市场与融资约束［J］．经济与管理研究，2006（9）：60-65.
[51] 邵毅平，虞凤凤．内部资本市场、关联交易与公司价值研究——基于我国上市公司的实证分析［J］．中国工业经济，2012（4）：102-114.
[52] 申明浩．治理结构对家族股东隧道行为的影响分析［J］．经济研究，2008（6）：135-144.
[53] 盛毅，冉敏，卢阳春．中国企业集团发展的理论与实践［M］．北京：人民出版社，2010.
[54] 石桂峰．地方政府干预与企业投资的同伴效应［J］．财经研究，2015（12）：84-94.
[55] 石美娟，童卫华．机构投资者提升公司价值吗？——来自后股改时期的经验证据［J］．金融研究，2009（10）：150-161.
[56] 孙世攀，徐霞，汪冬梅．盈余持续性与公司治理实证研究——来自沪深上市公司的经验证据［J］．科技与管理，2011（1）：40-45.
[57] 孙永祥，黄祖辉．上市公司股权结构与绩效［J］．经济研究，1999（12）：23-39.
[58] 孙永祥．公司治理结构：理论与实证研究［M］．上海：上海人民出版社，2002.
[59] 汤谷良，戴璐．国有上市公司部分民营化的经济后果——基于“武昌鱼”的案例分析［J］．会计研究，2006（9）：48-55.
[60] 汤树梅．试论上市公司同业竞争与关联交易问题［J］．河南社会科学，2004（1）：106-109.
[61] 唐跃军，谢乃明．大股东制衡机制与现金股利的隧道效应——来自 1999-2003 年中国上市公司的证据［J］．南开经济研究，2006（1）：60-78.
[62] 万良勇，魏明海．我国企业集团内部资本市场的困境与功能实现问题——以三九集团和三九医药为例［J］．当代财经，2006（2）：78-81.

[63] 王春飞，陆正飞．事务所“改制”、保险价值与投资者保护［J］．会计研究，2014（5）：81-87.

[64] 王春飞，伍利娜，陆正飞．企业集团统一审计与审计质量［J］．会计研究，2010（11）：65-71.

[65] 王峰娟、粟立钟．中国上市公司内部资本市场有效吗？——来自H股多分部上市公司的证据［J］．会计研究，2013（1）：70-75.

[66] 王彦超．融资约束，现金持有与过度投资［J］．金融研究，2009（7）：121-133.

[67] 吴超鹏、唐菂．知识产权保护执法力度、技术创新与企业绩效——来自中国上市公司的证据［J］．经济研究，2016（11）：125-139.

[68] 伍利娜，李蕙伶．投资者理解公司会计利润与应税利润的差异信息吗？［J］．管理世界，2007（10）：114-121.

[69] 肖华，张国清．内部控制质量、盈余持续性与公司价值［J］．会计研究，2013（5）：73-80.

[70] 肖星、王琨．企业集团特征与成员企业价值［J］．中国会计评论，2006（1）：1-14.

[71] 谢德仁，陈运森．业绩型股权激励、行权业绩条件与股东财富增长［J］．金融研究，2010（12）：99-114.

[72] 辛清泉，郑国坚，杨德明．企业集团、政府控制与投资效率［J］．金融研究，2007（10）：123-142.

[73] 辛宇，徐莉萍．公司治理机制与超额现金持有水平［J］．管理世界，2006（5）：136-141.

[74] 徐向艺，张立达．上市公司股权结构与公司价值关系研究——一个分组检验的结果［J］．中国工业经济，2008（4）：102-109.

[75] 徐欣、唐清泉．财务分析师跟踪与企业R&D活动——来自中国证券市场的研究［J］．金融研究，2010（12）：173-189.

[76] 杨德明，林斌，王彦超．内部控制、审计质量与代理成本［J］．财经研究，2009（12）：40-49.

[77] 杨华军、胡奕明．制度环境与自由现金流的过度投资［J］．管理世界，2007（9）：99-106.

[78] 杨兴全，孙杰．企业现金持有量影响因素的实证研究——来自我国上市公司的经验证据［J］．南开管理评论，2007（6）：47-54.

[79] 杨兴全，张照南．制度背景，股权性质与公司持有现金价值［J］．经济研究，2008

(12)：111-123.

[80] 叶康涛，陆正飞，张志华. 独立董事能否抑制大股东的“掏空”？[J]. 经济研究，2007（4）：101-111.

[81] 叶松勤，徐经长. 大股东控制与机构投资者的治理效应——基于投资效率视角的实证分析 [J]. 证券市场导报，2013（5）：35-42.

[82] 余明桂，钟慧洁，范蕊. 业绩考核制度可以促进央企创新吗？[J]. 经济研究，2017(12)：104-117.

[83] 张国清，夏立军，方轶强. 会计盈余及其组成部分的价值相关性——来自沪、深股市的经验证据 [J]. 中国会计与财务研究，2006（3）：74-96.

[84] 张国清，赵景文. 资产负债项目可靠性，盈余持续性及其市场反应 [J]. 会计研究，2008（3）：51-57.

[85] 张会丽，陆正飞. 上市公司经营业务分布是否影响盈余质量？——基于上市公司及其整体子公司相对业务规模的考察 [J]. 财经研究，2012（8）：72-83.

[86] 张会丽、陆正飞. 现金分布、公司治理与过度投资——基于我国上市公司及其子公司的现金持有状况的考察 [J]. 管理世界，2012（3）：141-150.

[87] 赵景文，于增彪. 股权制衡与公司经营业绩 [J]. 会计研究，2005（12）：59-64.

[88] 赵宇龙，王志台. 我国证券市场“功能锁定”现象的实证研究 [J]. 经济研究，1999（9）：56-63.

[89] 郑国坚，林东杰，张飞达. 大股东财务困境、掏空与公司治理的有效性——来自大股东财务数据的证据 [J]. 管理世界，2013（5）：157-168.

[90] 郑国坚，魏明海，孔东民. 大股东的内部市场与上市公司价值：基于效率观点和掏空观点的实证检验 [J]. 中国会计与财务研究，2007（9）：1-80.

[91] 郑国坚、魏明海. 公共治理、公司治理与大股东的内部市场——基于我国上市公司的实证研究 [J]. 中大管理研究，2007（2）：1-21.

[92] 郑国坚. 基于效率观和掏空观的关联交易与盈余质量关系研究 [J]. 会计研究，2009（10）：68-76.

[93] 郑国坚. 市场化改革的微观作用机制：关联交易视角 [J]. 中国会计评论，2011(3)：337-352.

[94] 郑志刚. 投资者之间的利益冲突和公司治理机制的整合 [J]. 经济研究，2004（2）：115-125.

[95] 支晓强，童盼. 盈余管理、控制权转移与独立董事变更——兼论独立董事治理作用

的发挥［J］. 管理世界，2005（11）：137-144.

［96］中国财务公司协会．中国企业集团财务公司年鉴 2013［M］. 北京：中国金融出版社，2013.

［97］中国财务公司协会．中国企业集团财务公司年鉴 2018［M］. 北京：中国金融出版社，2018.

［98］钟海燕、冉茂盛、文守逊．政府干预、内部人控制与公司投资［J］. 管理世界，2010（7）：98-108.

［99］钟覃琳、陆正飞、袁淳．反腐败、企业绩效及其渠道效应——基于中共十八大的反腐建设的研究［J］. 金融研究，2016（9）：161-176.

［100］祝继高，陆正飞．货币政策、企业成长与现金持有水平变化［J］. 管理世界，2009（3）：152-158.

［101］Adhikari, B. K. and Agrawal, A.. "Religion, gambling attitudes and corporate innovation"［J］. Journal of Corporate Finance, 2016（37）：229-248.

［102］Aghion, P., Bond, S., Klemm, A. and Marinescu, I.. " Technology and financial structure: are innovative firms different?"［J］. Journal of the European Economic Association, 2004（2）：277-288.

［103］Alchian, A. A.. Corporate Management and Property Rights, in: H. Manne, ed., Economic Policy and the Regulation of Corporate Secutities［M］. Washington, D. C.: American Enterprise Institute, 1969.

［104］Allen, E., C. Larson, and R. Sloan. Accrual reversals, earnings and stock returns［D］. Working Paper. University of California, Berkeley, Washington University in St. Louis, 2009.

［105］Almeida, H. V. and Wolfenzon, D.. "A theory of pyramidal ownership and family business groups "［J］. The Journal of Finance, 2006（61）：2637-2680.

［106］Anderson, R. C., and D. M. Reeb. Founding-family ownership and firm performance: evidence from the S&P 500［J］. Journal of Finance, 2003（58）：1301-1327.

［107］Atwood, T. J., M. S. Drake, and L. A. Myers. Book-tax conformity, earnings persistence and the association between earnings and future cash flows［J］. Journal of Accounting and Economics, 2010（50）：111-125.

［108］Bae, K., J. Kang, and J. Kim. Tunneling or value added? Evidence from merges by Korean business groups［J］. Journal of Finance, 2002（61）：2415-2449.

[109] Baek, J., J. Kang, and K. Park. Corporate governance and firm value: evidence from the Korean financial crisis [J]. Journal of Financial Economics, 2004 (71): 265-313.

[110] Baginski, S., B. Branson, K. Lorek, and G. Willinger. The relationship between economic characteristics and alternative annual earnings persistence measures [J]. The Accounting Review, 1999 (74): 105-120.

[111] Bai, C., Q. Liu, J. Lu, F. Song, and J. Zhang. Corporate governance and market valuation in China [J]. Journal of Comparative Economics, 2004 (32): 599-616.

[112] Bates T. W., K. M. Kahle, and R. M. Stulz. Why do U. S. firms hold so much more cash than they used to? [J]. Journal of Finance, 2009 (64): 1985-2021.

[113] Beckman, H., R. A. Cole, and L. J. Fu. Expropriation through loan guarantees to related parties: Evidence from China [J]. Journal of Banking & Finance, 2009 (33): 141-156.

[114] Bereskin, F. L., Campbell, T. L. and Hsu, P. H.. "Corporate philanthropy, research networks, and collaborative innovation" [J]. Financial Management, 2016 (47): 175-206.

[115] Berle A., and G. Means. The modern corporation and private property [M]. New York: Macmillan., 1932.

[116] Bertrand, M, P. Mehta, and S. Mullainathan. Ferreting out tunneling: an application to Indian business groups [J]. Quarterly Journal of Economics, 2002 (118): 121-148.

[117] Biddle, G. C., G. Hilary, and R. S. Verdi. "How does Financial Reporting Quality Relate to Investment Efficiency?" [J]. Journal of Accounting and Economics, 2009 (48): 112-131.

[118] Bresnahan, T. F.. "Measuring the spillovers from technical advance: mainframe computers in financial services" [J]. The American Economic Review, 1986 (76): 742-755.

[119] Brickley, J. A., and C. James. The takeover market, corporate board composition and ownership structure: The case of banking [J]. Journal of Law and Economics, 1987 (30): 161-190.

[120] Carpenter, R. E., & Petersen, B. C.. "Capital market imperfections, high-tech investment, and new equity financing" [J]. The Economic Journal, 2002 (112): 54-72.

[121] Cestone, G., and C. Fumagalli. The strategic impact of resource flexibility in business groups [J]. The Rand Journal of Economics, 2005 (36): 193-214.

[122] Chang, S. J.. Ownership structure, expropriation, and economic performance of group-affiliated companies in Korea [J]. Academy of Management Journal, 2003 (46): 228-253.

[123] Chemmanur, T. J., Loutskina, E. and Tian, X.. "Corporate venture capital, value creation, and innovation" [J]. Review of Financial Studies, 2014 (27): 2434-2473.

[124] Chen, D., M. Jian, and M. Xu. Dividends for tunneling in a regulated economy: The case of China [J]. Pacific-Basin Finance Journal, 2009 (17): 209-223.

[125] Chen, F., O. Hope, Q. Li, and X. Wang. "Financial Reporting Quality and Investment Efficiency of Private Firms In Emerging Markets" [D]. Working paper. University of Toronto, 2010.

[126] Chen, X., J. Harford, and K. Li. Monitoring: which institutions matter? [J]. Journal of Financial Economics, 2007 (86): 279-305.

[127] Cheung, Y. L., P. R. Rau, and A. Stouraitis. Tunneling, propping, and expropriation: evidence from connected party transactions [J]. Journal of Financial Economics, 2006 (82): 343-386.

[128] Cheung, Y., L. Jing, T. Lu, P. R. Rau, and A. Stouraitis. Tunneling and propping up: an analysis of related party transactions by Chinese listed companies [J]. Pacific-Basin Finance Journal, 2009 (17): 372-393.

[129] Chu, Y., Tian, X. and Wang, W.. "Learning from customers: Corporate innovation along the supply chain", Journal of Financial Economics, 2016. Forthcoming.

[130] Chung, R., M. Firth, and J. B. Kim. Institutional monitoring and opportunistic earnings management [J]. Journal of Corporate Finance, 2002 (8): 29-48.

[131] Claessens, S., S. Djankov, and H. P. L. Lang. The separation of ownership and control in East Asian corporations [J]. Journal of Financial Economics, 2000 (58): 81-112.

[132] Clarke, D.. Corporate governance in China: an overview [J]. China Economic Review 2003 (14): 494-507.

[133] Clarke, D.. Corporate governance in China: an overview [J]. China Economic Review, 2003 (14): 494-507.

[134] Coase, R. H. The nature of the firm. [J] Economica, 1937 (4): 386-405.

[135] Collins, D., and S. Kothari. An analysis of the cross-sectional and intertemporal determinants of earnings response coefficients [J]. Journal of Accounting and Economics, 1989 (11): 143-181.

[136] Cornaggia, J., Mao, Y., Tian, X. and Wolfe, B.. "Does banking competition affect innovation?" [J]. Journal of Financial Economics, 2015 (115): 189-209.

[137] Deloof, M.. "Internal capital markets, bank borrowing, and financing constraints: evidence from Belgian firms" [J]. Journal of Business Finance & Accounting, 1998 (25): 945-968.

[138] Dichev, I., and V. Tang. Matching and the changing properties of accounting earnings over the last 40 years [J]. The Accounting Review, 2008 (83): 1425-1460.

[139] Dittmar, A., and J. Mahrt-Smith. Corporate governance and the value of cash [J]. Journal of Financial Economics, 2007 (83): 599-634.

[140] Dittmar, A., J. Mahrt-Smith, and H. Servaes. International corporate governance and corporate cash holdings [J]. Journal of Financial and Quantitative Analysis, 2003 (38): 111-133.

[141] Dougal, C., Parsons, C. A. and Titman, S.. "Urban vibrancy and corporate growth" [J]. The Journal of Finance, 2015 (70): 163-210.

[142] Duchin, R., and D. Sosyura. "Divisional Managers and Internal Capital Markets" [J]. The Journal of Finance, 2013 (68): 387-429.

[143] Duchin, R.. Cash holdings and corporate diversification [J]. Journal of Finance, 2010 (65): 955-992.

[144] Dyck A., and L. Zingales. Private benefits of control: an international comparison [J]. Journal of Finance, 2004 (59): 537-600.

[145] Ederer, F. and Manso, G.. Is pay for performance detrimental to innovation? [J]. Management Science, 2013 (59): 1496-1513.

[146] Faccio, M., H. P. L. Lang, and L. Young. Dividends and expropriation [J]. American Economic Review, 2001 (91): 54-78.

[147] Fairfield, P. M., J. S. Whisenant, and T. L. Yohn. Accrued earnings and growth: Implications for future profitability and market mispricing [J]. The Accounting Review, 2003 (78): 353-371.

[148] Fama, E. and M. Jensen. Separation of ownership and control [J]. Journal of Law and Economics, 1983 (26): 301-325.

[149] Fan, J. P. H., and T. J. Wong. Do external auditors perform a corporate governance role in emerging markets? Evidence from East Asian [J]. Journal of Accounting Research, 2005 (43): 35-72.

[150] Fan, J. P. H., L. Jin and G. Zheng. Internal capital market in emerging market: expropri-

ation and mitigating financing constraints [D]. Working paper, Chinese University of Hong Kong, 2008.

[151] Fan, J. P. H., T. J. Wong, and T. Zhang. Politically connected CEOs, corporate governance, and post-IPO performance of China′s newly partially privatized firms [J]. Journal of Financial Economics, 20079 (84): 330-357.

[152] Fauver, L., J. Houston, and A. Naranjo. "Capital Market Development, Legal Systems and the Value of Corporate Diversification: A Cross-Country Analysis" [D]. Working Paper. University of Florida, 1998.

[153] Ferreira, M. A., and P. Matos. The colors of investors' money: The role of institutional investors around the world [J]. Journal of Financial Economics, 2008 (88): 499-533.

[154] Foley, C., F., J. C. Hartzell, S. Titman, and G. J. Twite. Why do firms hold so much cash? a tax-based explanation [J]. Journal of Financial Economics, 2007 (86): 579-607.

[155] Francis, J., R. LaFond, P. Olsson, and K. Schipper. Costs of equity and earnings attributes [J]. The Accounting Review, 2004 (79): 967-1010.

[156] Franks, J., and C. Mayer. The ownership and control of German corporations [D]. Working Paper. London Business School, 1994.

[157] Freeman, R., J. Ohlson, and S. Penman. Book rate-of-return and prediction of earnings changes: An empirical investigation [J]. Journal of Accounting Research, 1982 (20): 639-653.

[158] Fresard L., and C. Salva. The value of excess cash and corporate governance: evidence from US cross-listings [J]. Journal of Financial Economics, 2010 (98): 359-384.

[159] Friedman E., S. Johnson, and T. Mitton. Propping and Tunneling [J]. Journal of Comparative Economics, 2003 (31): 732-750.

[160] Gao, H., J. Harford, and K. Li. Determinants of corporate cash policy: insights from private firms [J]. Journal of Financial Economics, 2013 (109): 623-639.

[161] Gao, L., and G. Kling. Corporate governance and tunneling: Empirical evidence from China [J]. Pacific-Basin Finance Journal 2008 (16): 591-605.

[162] Ge, W.. Off-balance-sheet activities, earnings persistence and stock prices: evidence from operating leases [D]. Working Paper. University of Washington, 2007.

[163] Gertner, R. H., D. S. Scharfstein, and J. C. Stein. Internal versus external capital markets [J]. The Quarterly Journal of Economics, 1994 (109): 1211-1230.

[164] Givoly, D., C. K. Hayn, and S. P. Katz. "Does Public Ownership of Equity Improve Earnings Quality?" [J]. The Accounting Review, 2010 (85): 195-225.

[165] Gopalan, R., V. Nanda, and A. Seru. Affiliated firms and financial support: evidence from Indian business groups [J]. Journal of Financial Economics, 2007 (86): 759-795.

[166] Greenwald, B., J. Stiglitz, and A. Weiss. "Information Imperfections in the Capital Market and Macroeconomic Fluctuations" [J]. American Economic Review, 1984 (74): 194-199.

[167] Hadlock, C. J., and J. R. Pierce. "New Evidence on Measuring Financial Constraints: Moving Beyond the KZ Index" [J]. The Review of Financial Studies, 2010 (23): 1909~1940.

[168] Han, S. and J. Qiu. Corporate precautionary cash holdings [J]. Journal of Corporate Finance, 2007 (13): 43-57.

[169] Harford, J., S. Mansi, and W. Maxwell. Corporate governance and a firm's cash holdings [J]. Journal of Financial Economics, 2008 (87): 535-555.

[170] Hart, O. and Moore, J.. "Debt and Seniority: An Analysis of Hard Claims in Constraining Management" [J]. American Economic Review, 1995 (85): 567-587.

[171] Heckman, J.. The sample selection bias as a specification error [J]. Econometrica, 1979 (47): 153-162.

[172] Hsu, P. H.. "Technological innovations and aggregate risk premiums" [J]. Journal of Financial Economics, 2009 (94): 264-279.

[173] Jaffe, A. B.. "The importance of "spillovers" in the policy mission of the advanced technology program" [J]. The Journal of Technology Transfer, 1998 (23): 11-19.

[174] Jensen, M. C., and W. H. Meckling. Theory of the firm: managerial behavior, agency costs and ownership structure [J]. Journal of Financial Economics, 1976 (3): 305-360.

[175] Jensen, M. C. and Murphy, K. J.. "Performance pay and top-management incentives" [J]. Journal of Political Economy, 1990 (98): 225-264.

[176] Jensen, M.. Agency costs of free cash flow, corporate finance and takeovers [J]. American Economic Review, 1986 (76): 323-329.

[177] Jian, M., and T. J. Wong. Propping through related party transactions [J]. Review of Accounting Studies, 2010 (15): 70-105.

[178] Jiang, G., C. M. Lee, and H. Yue. Tunneling through intercorporate loans: the China experi-

ence [J]. Journal of Financial Economics, 2010 (98): 1-20.

[179] Jiang, G., P. Rao, and H. Yue. Tunneling through non-operational fund occupancy: an investigation based on officially identified activities [J]. Journal of Corporate Finance, 2014. forthcoming.

[180] Johnson, S, R. L. Porta, F. Lopez-de-Silanes, and A. Shleifer. Tunneling [J]. The American Economic Review, 2000 (90): 22-27.

[181] Jones, J. P.. The implications of firm's investment opportunities for the valuation of cash flows from investing activities [J]. Advanced in Accounting, 2001 (18): 169-193.

[182] Katz, S. P.. "Earnings Quality and Ownership Structure: The Role of Private Equity Sponsors" [J]. The Accounting Review, 2009 (84): 623-658.

[183] Khanna T., and K. Palepu. Is group affiliation profitable in emerging an analysis of diversified Indian business groups [J]. Journal of Finance, 2000 (55): 867-891.

[184] Khanna T., and K. Palepu. Why focused strategies may be wrong for markets [J]. Harvard Business Review, 1997 (July-August): 3-10.

[185] Khanna, T., and K. Palepu. "Policy Shocks, Market Intermediaries, and Corporate Strategy: The Evolution of Business Groups in Chile and India" [J]. Journal of Economics and Management Strategy, 1999a (8): 271-310.

[186] Khanna, T., and K. Palepu. "The Right Way to Restructure Conglomerates in Emerging Markets" [J]. Harvard Business Review, 1999b (77): 125-134.

[187] Khanna, T., and K. Palepu. Why focused strategies might be wrong for emerging markets? [J]. Harvard Business Review, 1997 (74): 41-50.

[188] Khanna, T., and Y. Yafeh. Business groups and risk sharing around the world [J]. Journal of Business, 2005 (78): 301-340.

[189] Khanna, T., and Y. Yafeh. Business Groups in Emerging Markets: Paragons or Parasites? [J] Journal of Economic Literature, 2007 (45): 331-372.

[190] Khorana, A., H. Servaes, and P. Tufano. Explaining the size of the mutual fund industry around the world [J]. Journal of Financial Economics, 2005 (78): 145-185.

[191] Komendi, R., and R. Lipe. Earnings innovations, earning persistence, and stock returns [J]. Journal of Business, 1987 (6): 323-346.

[192] Krishnan, G. V., and L. M. Parsons. Getting to the bottom line: an exploration of gender and earnings quality [J]. Journal of Business Ethics, 2008 (78): 65-76.

[193] La Porta, R., F. Lopez-de-Silanes, A. Shleifer, and R. Vishny. Law and finance [J]. Journal of Political Economy, 1998 (106): 1113-1155.

[194] La. Porta, R., F. Lopez-de-Silanes, A. Shleifer, and R. W. Vishny. Corporate ownership around the world [J]. Journal of Finance, 1999 (54): 471-517.

[195] Leary, M. T. and Roberts, M. R.. "Do peer firms affect corporate financial policy?" [J]. The Journal of Finance, 2014 (69): 139-178.

[196] Leff, N.. "Industrial Organization and Entrepreneurship in the Developing Countries: The Economic Groups" [J]. Economic Development and Cultural Change, 1978 (26): 661-675.

[197] Li, F.. Annual report readability, current earnings, and earnings persistence [J]. Journal of Accounting and Economics, 2008 (45): 221-247.

[198] Lieberman, M. B. and Asaba, S. "Why do firms imitate each other?" [J]. Academy of Management Review, 2006 (31): 366-385.

[199] Lipe, R.. The relation between stock returns and accounting earnings given alternative information [J]. The Accounting Review, 1990 (65): 49-71.

[200] Liu Y., and D. Mauer. Corporate cash holdings and CEO compensation incentives [J]. Journal of Financial Economics, 2011 (102): 183-198.

[201] Malmendier U. and G. Tate. "CEO Overconfidence and Corporate Investment" [J]. Journal of Finance, 2005 (60): 2661-2699.

[202] McConnell, J. J., and H. Servaes. Additional evidence on equity ownership and corporate value [J]. Journal of Financial Economics, 1990 (27): 595-612.

[203] McLean, R. D.. Share issuance and cash savings [J]. Journal of Financial Economics, 2011 (99): 693-715.

[204] Megginson, W. L. and Netter, J. M.. "From state to market: A survey of empirical studies on privatization" [J]. Journal of Economic Literature, 2001 (39): 321-389.

[205] Mikkelson, W. H., and M. M. Partch. Do persistent large cash reserves hinder performance? [J]. Journal of Financial and Quantitative Analysis, 2003 (38): 275-294.

[206] Mitra, S., and M. Cready. Institutional stock ownership, accrual management and information environment [J]. Journal of Accounting, Auditing, and Finance, 2005 (20): 257-286.

[207] Morck, R., A. Shleifer, and R. Vishny. Management ownership and market valuation: An

empirical analysis [J]. Journal of Financial Economics, 1988 (20): 293-315.

[208] Mulligan, C. B.. Scale economies, the value of time, and the demand for money: Longitudinal evidence from firms [J]. Journal of Political Economy, 1997 (105): 1061-1079.

[209] Myers, S. C. and Majluf, N. S.. "Corporate Financing and Investment Decisions When Firms Have Information the Investors do not Have" [J]. Journal of Financial Economics, 1984 (13): 81-102.

[210] Myers, S. C. and Majluf, N. S.. Corporate Financing and Investment Decisions When Firms Have Information the Investors do not Have [J]. Journal of Financial Economics, 1984 (13): 81-102.

[211] Myers, S. C., and R. G. Rajan. The paradox of liquidity [J]. Quarterly Journal of Economics, 1998 (113): 733-771.

[212] Nwaeze, E., S. Yang, and J. Yin. Accounting information and CEO compensation: the role of cash flow from operations in the presence of earnings [J]. Contemporary Accounting Research, 2006 (23): 227-265.

[213] Opler, T., and S. Titman. "Financial Distress and Corporate Performance" [J]. Journal of Finance, 1994 (49): 1015-1040.

[214] Opler, T., L. Pinkowitz, and R. Stulz. The determinants and implications of corporate cash holdings [J]. Journal of Financial Economics, 1999 (52): 13-46.

[215] Palazzo, B.. Cash holdings, risk, and expected returns [J]. Journal of Financial Economics, 2012 (104): 162-185.

[216] Peng, W. Q., K. C. J. Wei, and Z. Yang. Tunneling or propping: Evidence from connected transactions in China [J]. Journal of Corporate Finance, 2011 (17): 306-325.

[217] Pinkowitz, L., R. Stulz, and R. Williamson. Does the contribution of corporate cash holdings and dividends to firm value depend on governance? a cross-country analysis [J]. Journal of Finance, 2006 (61): 2725-2751.

[218] Rajan, R., H. Servaes, and L. Zingales. The cost of diversity: the diversification discount and inefficient investment [J]. Journal of Finance 2000 (55): 35-80.

[219] Richardson, S. A., R. G. Sloan, M. T. Soliman, and I. Tuna. Accrual reliability, earnings persistence and stock prices [J]. Journal of Accounting and Economics, 2005 (39): 437-485.

[220] Richardson, S.. "Over-investment of Free-cash Flow" [J]. Review of Accounting

Studies, 2006 (11): 159-189.

[221] Rosenstein, S., and J. G. Wyatt. Outside directors, board independence, and shareholder wealth [J]. Journal of Financial Economics, 1990 (26): 175-191.

[222] Scharfstein, D. S., and J. C. Stein. The dark side of internal capital markets: divisional rent-seeking and inefficient investment [J]. Journal of Finance, 2000 (55): 2537-2564.

[223] Shin, H., and R. Stulz. Is the internal capital market efficient? [J]. Quarterly Journal of Economics, 1998 (108): 531-552.

[224] Shin, H., and Y. Park. "Financial Constraints and Internal Capital Markets: Evidence from Korean Chaebols" [J]. Journal of Corporate Finance, 1999 (5): 169-191.

[225] Shleifer, A., and R. Vishny. Large shareholders and corporate control [J]. Journal of Political Economy, 1986 (94): 461-488.

[226] Shleifer, A., and R. W. Vishny. A survey of corporate governance [J]. Journal of Finance, 1997 (52): 737-783.

[227] Singh, M., and W. N. Davidson III. Agency costs, ownership structure and corporate governance mechanisms [J]. Journal of Banking and Finance, 2003 (27): 793-816.

[228] Sloan, R. G.. Do stock prices fully reflect information in accruals and cash flows about future earnings? [J]. The Accounting Review, 1996 (71): 289-315.

[229] Stein, J. C.. Internal capital markets and the competition for corporate resources [J]. Journal of Finance, 1997 (52): 111-133.

[230] Stiglitz, J., and A. Weiss. "Credit Rationing in Markets with Imperfect Information" [J]. American Economic Review, 1981 (71): 393-410.

[231] Stulz, R.. Managerial control of voting rights: financing policies and the market for corporate control [J]. Journal of Financial Economics, 1988 (20): 25-54.

[232] Vogt, S. C.. "The Cash Flow/Investment Relationship: Evidence from U. S. Manufacturing Firms" [J]. Financial Management, 1994 (23): 3-20.

[233] Watts, R., and J. Zimmerman. Positive accounting theory: A ten year perspective [J]. The Accounting Review, 1990 (65): 131-156.

[234] Weinstein, D. E., and Y. Yafeh. On the cost of a bank centered financial system: Evidence from the changing main bank relations in Japan [J]. Journal of Finance, 1998 (53): 635-672.

[235] Williamson, Oliver E.. Markets and hierarchies: analysis and antitrust implications [M].

New York: Free Press, 1975

[236] Wulf, J.. Influence and inefficiency in the internal capital market [J]. Journal of Economic Behavior & Organization, 2009 (72): 305-321.

[237] Xie, H.. The mispricing of abnormal accruals [J]. The Accounting Review, 2001 (76): 357-373.

重要术语索引